역사 속엔
중요한 건축물이
너무도 많아

서아시아에서 중국 대륙까지,
문명의 흐름이 한눈에 보이는 건축물 여행

역사 속엔 중요한 건축물이 너무도 많아

스기모토 다쓰히코 · 나가오키 미쓰루
가부라기 다카노리 · 이토 마리코
가타오카 나나코 · 나카야마 시게노부 글
고시이 다카시 그림

노경아 옮김

어크로스

저자의 말

지금 우리가 사는 세계는 어떻게 만들어지고 서로 연결되었을까요? 인류의 기원과 연결의 수수께끼를 풀 열쇠는 바로 문명의 요람인 '아시아'에 있습니다.

우리가 사는 세상은 700만 년 전 인류가 탄생한 이래 끊임없이 변화하고 있습니다. 건축 역시 인류 역사와 계속 영향을 주고받으며 지금까지 진화해 왔습니다. 건축과 인류사의 연계는 극적인 드라마의 연속이자 인류가 의도치 않게 만들어 낸 오락이기도 합니다.

이 책에는 인류 최초의 도시를 세운 메소포타미아 문명, 3000년 이상 존속하며 거대 석조 건축물을 남긴 이집트 문명, 기후와 민족과 언어의 다양성만큼이나 다채로운 건축 문화를 꽃피운 인도(인더스) 문명, 동아시아의 건축과 사상에 큰 영향을 미친 중국(황하) 문명이 등장합니다.

이런 고대 문명은 문자, 관료 제도, 장식품, 조각과 회화를 비롯한 미술품, 배, 화약, 인프라 등 현대 문명의 초석이 되는 유산을 수없이 만들어 냈습니다. 그리고 궁전과 묘, 신전, 사원, 제사 시설 등 다양한 건물과 도시가 시대의 요청에 따라 등장하여 역사의 무대로 활약해 왔습니다.

인류의 생업과 생활 양식, 건축, 도시, 문명은 언제나 자연환경에 좌우되었습니다.

- 자연과 인간과 건축은 어떻게 연결되는가
- 건축 양식은 어떻게 만들어지고 진화하며 서로 연결되는가
- 사람들을 통합한 사상은 서로에게 어떤 영향을 끼쳤는가

이 책에서는 이처럼 연계를 중시하며 그 연계가 어떻게 만들어지고 변화했는지 건축 용어를 들어 쉽게 해설했습니다. 내용은 지역별로 나누어 인류 탄생~오리엔트 문명, 인도 문명, 중국 문명의 3부로 구성되어 있으며, 각 지역에서 번성했던 주요 사상도 함께 다루고 있습니다.

1부 '인류 문명과 함께 탄생한 건축물'에서는 서아시아의 고대 오리엔트 문명을 중심으로 인류의 탄생과 진화를 다룹니다. 오리엔트란 고대 로마에서 본 동방 세계를 의미하며, 오늘날 이라크와 이란, 시리아, 요르단과 이집트, 튀르키예까지 포함한 지역을 가리킵니다. 1부에서는 수렵 채집과 농경 등 지역마다 달랐던 환경이 건축 형식에 어떤 영향을 끼쳤는지 살펴볼 것입니다. 이 시대에 인류의 사상은 애니미즘에서 시작하여 다신교로, 그리고 일신교로 변해 갑니다.

2부 '다양성을 끌어안은 인도 문명의 건축물'에서는 남아시아를 중심으로 메소포타미아 문명의 영향을 받은 인더스 문명에서부터 출발합니다. 인도는 열대에서부터 건조, 습윤, 스텝 기후까지 여러 기후가

공존하고 해안과 고원, 산악 지대, 하천에 이르기까지 지형도 매우 다양하여 자연환경이 변화무쌍합니다. 그래서 각지에 독특한 문화와 건축이 생겨났으며, 중국과 동남아시아, 고대 로마까지 광범위하게 영향을 미쳤습니다. 인도에서 탄생한 대표적 사상은 불교와 힌두교입니다.

마지막 '사상과 원리를 중시한 중국의 건축물'에서 다루는 중국 문명은 서아시아와 남아시아에서 영향을 받았습니다. 중국은 국토가 황하와 장강이라는 큰 강과 티베트고원, 몽골 대초원, 한랭한 북방에서 온난한 남방을 다 아우를 만큼 거대한 데다 자연환경과 민족이 매우 다양하여 통치가 극도로 어려웠습니다. 이런 중국에서 우세했던 사상은 유교와 도교, 그리고 불교였습니다.

이 책에서 다루는 '아시아'의 범위가 지금껏 여러분이 알고 있던 아시아와는 좀 다르다고 느껴질 수도 있겠습니다. 아주 먼 옛날에는 국경 같은 것이 없었으므로 이집트도 가까운 메소포타미아와 밀접한 관계를 맺고 영향을 주고받았습니다. 현재 유럽에 속하는 지중해 세계와도 교역 등을 위해 해로로 빈번히 왕래했습니다. 아시아를 지금의 틀로만 생각하면 안 되는 것입니다. 따라서 이 책에서는 현재 아시아가 아닌 지역까지 아시아 세계의 연장 개념으로 소개하여 아시아 세계의 성립과 연결, 원리 등을 이해하기 쉽도록 했습니다.

아시아를 배경으로 한 자연과 인류와 역사와 건축 이야기를 통해 전 세계를 여행하는 듯한 경험과 글로벌한 관점을 얻을 수 있을 것입니다. 이 책을 읽은 후 건축물을 보는 눈이 달라지고, 여행에 관심이 생기고,

나아가 과거와 현재와 미래가 끊임없이 연결되고 교류하는 역사적 관점을 제대로 이해하게 된다면 저자로서 더없이 기쁠 것입니다. 많은 사람에게 내용을 쉽게 전달하는 데 중점을 두었으니 전문가 여러분께서는 너그러이 봐주시기를 바랍니다.

그러면 아시아를 통해 세계 역사와 건축의 연계를 살펴보러 떠납시다. 여러분의 세상이 더 즐겁고 풍성해지기를 진심으로 바랍니다.

저자를 대표하여
스기모토 다쓰히코

차례

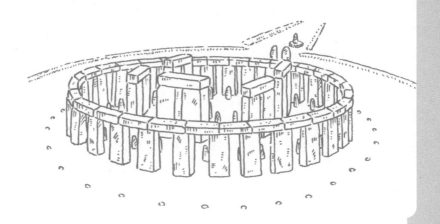

2부 다양성을 끌어안은 인도 문명의 건축물
인도 문명

3부 사상과 원리를 중시한 중국의 건축물

중국 문명

1부

인류 문명과 함께
탄생한 건축물

인류 탄생 ~ 고대 오리엔트 문명

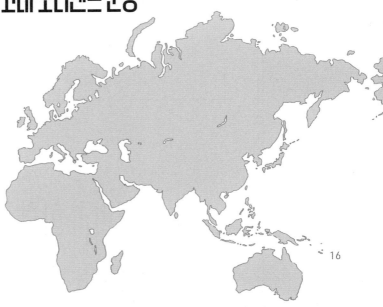

인류의 건축을 이해하려면 인류 탄생 이후의 역사와 함께 자연과 인류의 관계를 먼저 파악해야 합니다.

아프리카에서 호모 사피엔스로 진화한 인류는 수렵·채집 생활을 계속하면서 전 세계로 퍼져나갔습니다.

이동, 반정착, 정착 등 사람들의 생활 양식이나 수렵·채집, 농경, 목축, 유목, 교역 등 생업에 따라 건물의 형태와 형식은 다양하게 달라집니다. 따라서 인류는 사막, 숲, 설원, 초원 등 지역적 특성과 기후 및 풍토, 지형 등 자연환경에 적응하며 다양한 양식의 건물을 만들어왔습니다.

자연환경이 윤택했던 아시아에서 인류 최초의 문명인 메소포타미아 문명이 탄생합니다. 그곳 사람들은 맥주, 포도주, 도르래, 범선을 발명하고 건물의 주춧돌과 물품 교환권에 문자를 쓰는 등 새로운 문화를 창조하여 주변으로 전파합니다. 지금은 이후 다른 지역의 문명이 메소포타미아 문명의 영향으로 탄생했다는 학설이 유력합니다.

그러나 메소포타미아가 아닌 이집트에서 대국이 먼저 출현합니다. 그리고 메소포타미아에서는 군웅이 할거하는 소국 분립 시대가 시작됩니다. 자연 지형과 기후, 자연의 회복력이 여기에 큰 영향을 미쳤을 것입니다.

기원전 1000년 이후 오리엔트에는 이전보다 훨씬 광대한 영토와 많은 민족을 지배하는 아시리아 제국이 등장합니다. 이 나라는 카리스마 넘치는 명군 아슈르바니팔왕 시대에 전무후무한 번영을 누렸으나 왕이 죽자마자 국력이 약해집니다.

이후 페르시아에서 아케메네스 왕조가 일어나 역사상 최초의 세계화를 실현합니다. 그러나 이 왕조도 서서히 쇠퇴하다가 알렉산드로스 대왕에게 결정타를 맞습니다. 놀라운 힘을 지닌 알렉산드로스의 등장과 세계 원정은 온 세상을 뒤흔들어 놓았습니다.

그 후 인도에 대제국이 출현하고 로마 제국에 이어 중국의 진나라까지 등장하면서 비옥한 초승달 지대[1]가 세계 문명을 압도적으로 이끌던 시대가 막을 내립니다.

사람들의 정신세계도 달라져, 자연 자체를 숭배하는 애니미즘에서 다신교로, 그리고 조로아스터교 같은 보편적인 종교로 관심이 이동합니다. 조로아스터교는 후대에 기독교나 이슬람교 등 주요 종교가 만들어지는 데 큰 영향을 미칩니다. 그래서 마침내, 다신교 세계였던 메소포타미아와 이집트는 일신교 세계가 되었습니다.

이처럼 인류는 탄생 이후 끊임없는 연계를 통해 진화하며 새로운 세계를 만들어왔습니다. 인류의 역사는 그야말로 극적인 드라마의 연속입니다.

---

1 지도상 땅 모양이 초승달과 비슷해서 붙은 이름.

01	인류가 남긴 가장 오래된 제사 시설	초기 인류 석기 시대 인지 혁명

괴베클리 테페 유적(약 1만 1000년 전)

창의력 넘치는 크로마뇽인의 라스코 동굴 벽화
약 1만 7000년 전.

건축은 '연계'에서 비롯됩니다. 그러면 그 연계는 어떻게 생겨났을까요? 지금부터 인류가 어떻게 등장했고 기후 변화와 자연환경 격변의 위기를 극복하기 위해 어떻게 진화하며 어떤 건물을 지었는지, 그 역사를 훑어보겠습니다.

냉혹한 세력 다툼

약 700만 년 전 시작된 지구 한랭화의 영향으로 숲이 줄어들자 우리의 조상(초기 호모 속)은 숲 밖으로 쫓겨납니다. 완력은 고릴라에게, 나무 타는 기술로는 원숭이에게 한참 뒤떨어진 종이었으니까요.

라에톨리 유적의 발자국
아버지와 아이가 손을 잡고 걷고 어머니가 그 뒤를 따르는 3인 가족의 발자국으로 추정됨.

초원에서도 사자의 먹잇감이 될 뿐이었습니다. 달리기 속도가 느린 데다 예리한 송곳니나 발톱도 없었거든요. 그래서 우리 조상은 소림(나무가 듬성듬성 자라는 환경)으로 향했습니다. 이들이 그곳에서 살아남으려고 선택한 전략은 '직립 보행'이었습니다. 암컷에게 먹이를 가져다주기 위해 양손을 쓸 수 있는 보행 자세를 택한 것입니다. 직립 보행은 단거리 이동에는 불리하지만 지구력이 필요한 장거리 이동에 적합하기 때문입니다.

태어나자마자 달릴 수 있는 가젤 등과 달리 인간은 육아에 긴 시간을 들여야 합니다. 그래서 수컷도 육아에 협력합니다. 수컷이 먹이를 구하러 나가 있는 동안 암컷은 둥지에 머물며 자식을 돌봅니다. 인간은 일부일처*로 살기 때문에 수컷도 가족에게 최선을 다합니다. 이처럼 살아남기 위해 집단을 이룬 덕분에 수준 높은 사회관계가 만들어졌을 것입니다.

여성은 시각, 후각, 청각, 촉각이 섬세하여 남성보다 판별력이 뛰어나다고 합니다. 자식의 안색 변화나 음식 맛의 이상을 감지하지 못하면 큰일이니까요. 한편 남성은 체격과 힘, 운동 능력이 우수하고 공간 지각력이 뛰어납니다. 사냥하러 나갈 때마다 길을 잃는 수컷들은 자손을 남기

• 침팬지는 다부다처제, 고릴라는 일부다처제여서 암컷을 차지하려면 수컷끼리 싸워야 한다. 인간의 송곳니가 작은 것은 이런 싸움이 불필요했다는 뜻이므로 인간 사회가 일부일처제였다는 증거가 된다.

지 못했기 때문일 것입니다. 이런 특징이 현대의 우리에게까지 남아 있습니다.

약 400만 년 전에 지구가 다시 한랭화하기 시작했고 약 350만 년 전에 뇌가 조금 커진 오스트랄로 속이

단순히 깨뜨려서 만든
올도완 석기

정교한
아슐리안 석기

등장합니다. 어금니가 큰 것을 보면 초원에서 식량을 조달한 듯합니다.

그리고 약 250만 년 전, 북반구의 한랭화가 현저해진 끝에 약 4만 1000년 주기로 여러 번의 빙하기가 찾아옵니다. 이때 호모 속(호모 하빌리스)이 등장, 올도완 석기[1] 등의 석기를 사용하기 시작합니다. 사람은 이때부터 식물보다 소화가 잘되고 열량이 풍부한 고기를 먹기 시작했는데, 이것은 매우 중요한 변화입니다. 덕분에 열량을 대량으로 소모하는 뇌에 충분한 영양을 공급할 수 있었기 때문입니다.

그 후 약 200만 년 전 기후 변동으로 환경이 크게 달라지자 뇌 용량이 확 커진 호모 에렉투스가 등장합니다. 이들은 사냥에 서툴렀고 말도 잘하지 못했지만 정교한 아슐리안 석기를 사용했습니다.

100만 년 전부터 불을 사용한 것도 인류의 진화를 가속했습니다. 불은 맹수를 쫓고 추위를 견디는 데 매우 효과적이니까요. 가열하면 병원체나 기생충이 죽으므로 식생활의 안전도 확보할 수 있었습니다. 게다가 음식을 단시간에 효율적으로 섭취하게 되자 이가 작아지고 장이 짧아졌습니다. 장이 길 때보다 에너지 소비량이 줄어들었으므로 뇌 용량을 늘릴

불은 인류에게 빛과 온기, 안전한 환경,
심리적 안정감을 가져다주었다.

20

여유가 더 생긴 셈이죠.

약 70만 년 전에는 호모 하이델베르겐시스가 등장합니다. 뇌 용량이 1400cc로 우리와 비슷했고, 놀랍게도 혀 뼈가 목소리를 낼 수 있는 형태로 변해 있었습니다. 아마 이들에게서 네안데르탈인이 분화했을 것입니다. 네안데르탈인은 우리보다 뇌 용량이 무려 10퍼센트나 크고 어깨와 목 근육이 잘 발달해서 체격이 다부졌습니다. 아픈 사람을 돌보고 죽은

네안데르탈인

사람을 매장하는 등 감수성이 있었다는 사실도 잘 알려져 있습니다.

그리고 약 30만 년 전, 우리와 똑같은 호모 사피엔스가 아프리카에 등장했습니다. 이때까지 약 670만 년 동안 끊임없이 진화한 결과 가까스로 호모 사피엔스에 도달할 수 있었지만 인류는 아직 생태계에서 하찮은 존재에 불과했습니다. 그래서 약 30만~13만 년 전의 리스 빙기에 세계 인구가 약 1~2만 명까지 감소하면서 멸종 위기를 맞기도 했습니다. 그러나 마지막 빙하기가 시작된 후인 약 7만 년 전, 호모 사피엔스에게 획기적인 변화가 일어납니다.

바로 인지 혁명입니다.

압도적인 정보 처리 능력과 상상력을 갖춘 호모 사피엔스는 서로 고도로 협력하며 일할 수 있었습니다. 약 5만 년 전부터는 창의적 사고의 흔적도 많이 남겼습니다. 크로마뇽인*의 유물과 유적 등에서 복잡한 석기 제작과 원거리 교역, 대형 동물 수렵이 더 활발해진 것을 확인할 수 있습니다. 이들은 사냥한 대형 동물이나 사람의 모습을 동굴 벽화로 그

● 발견된 지명을 따라 이렇게 불린다.

기후 변동에 따른 인간 진화 연표와 특징

	호모 속 명칭	기후 변동	진화	
700만 년 전~ 500만 년 전	초기 호모 속(사헬란트 로푸스 등)	CO₂ 감소, 세계 각지의 초원 확대	유인원(고릴라, 침팬지)에서 분화. 직립 보행 개시	뇌 용량 350cc(침팬지 수준) 신장 120cm
440만 년 전	아르디피테쿠스 라미두스		숲에서 식량을 조달했으나 침팬지보다 잡식	
400만 년 전		한랭화(해류 변화, 만년빙 증가, 햇빛 반사)		
350만 년 전~ 250만 년 전	오스트랄로 속(오스트랄로피테쿠스 아프리카누스 등)		주로 초원에서 식량(육류 포함)을 조달함. 협력 사회 가능성	뇌 용량 450cc
250만 년 전~	호모 속	북반구의 현저한 한랭화. 주기적 빙하기	올도완 석기	
240만 년 전~ 130만 년 전	호모 하빌리스	220만 년 전~150만 년 전, 기후 변화 및 환경 격변		뇌 용량 500cc
190만 년 전~ 10만 년 전	호모 에렉투스		아슐리안 석기. 100만 년 전 불 사용 시작. 최초로 달린 인류, 체모 없어짐	뇌 용량 1000cc 신장 170cm
70만 년 전~ 20만 년 전	호모 하이델베르겐시스		목소리 낼 수 있는 혀뼈 형태. 나뭇가지와 석기 조합. 테라 아마타 유적²의 움막	뇌 용량 1100cc~1400cc
30만 년 전~ 4만 년 전	네안데르탈인	30만 년 전~13만 년 전, 리스 빙기. 아프리카 밀림 감소	서유럽 점령. 부상자 돌봄 흔적, 사망자 무덤	뇌 용량 1550cc
30만 년 전~	호모 사피엔스	약 11만 5000년~7만 4000년 전 마지막 빙하기 시작	아프리카에서 등장	뇌 용량 1350cc
7만 년 전		5만 년 전~, 마지막 한랭기	의복 등장, 아프리카를 벗어남. 인지 혁명 시작	

※ 직립 보행 여부, 송곳니 모양, 머리뼈 모양이 유인원과 다르다.
옷을 입었다는 사실이 이의 DNA로 증명되었다.

23 렸고 미래를 향한 바람이 담긴 창의적인 예술 작품을 남겼습니다.

호모 사피엔스는 이렇게 진화한 결과 마침내 경이로운 구조물을 완성합니다. 현존하는 세계 최초의 제사 시설, 괴베클리 테페 유적입니다.

거대한 돌기둥이 원을 그리듯 배치된 것을 보면 강력한 의도를 가지고 만든 곳이 분명합니다. 돌기둥에 정성스럽게 새긴 조각에는 생명을 향한 바람과 동경, 경외심이 드러나 있어 제사 시설로 추측됩니다.

조사 결과에 따르면 주변에 정착지나 주거, 일상 활동의 흔적이 없으므로 수렵·채집민이 이 유적을 지은 것으로 보입니다. 다시 말해, 약 1만 1000년 전의 수렵·채집 사회가 건설에 종사하는 사람들을 먹여 살릴 식량까지 확보하면서 서로 협력하여 이런 거대한 건물을 지은 것입니다. 그야말로 전례가 없는 놀라운 일입니다.

왜 이들은 생산과 직접 관련이 없고 위험하기까지 한 건설 작업에 막대한 품과 시간을 들여가며 도전했을까요? 이 건물을 짓고 기도하면

천체 관측 시설이라는
설도 있음.

발굴된 원형 구조물
(담장)은 총 20기.

괴베클리 테페 유적

인류의
조상을
표현하는
것으로
추정.

손과 허리띠가 새겨진
괴베클리 테페 유적의 기둥

생활이 풍요로워진다고 믿었기 때문일 것입니다.

24

이처럼 아직 보지 못한 세계를 상상으로 만들어내는 능력, 환경에 맞추어 복잡한 정보를 유연하게 연결하는 능력은 우리 호모 사피엔스만의 강점입니다. '연계'는 인류 건축의 필수 요소이자 본질인 것입니다.

인지 혁명 이후 호모 사피엔스는 다른 인류나 동물을 압도적으로 능가하며 전 세계에 진출했습니다. 그 후 우리 인류는 어떤 자연환경에서 어떻게 건물을 짓고 어떻게 살아갔을까요?

---

1 인류 최초의 석기.
2 40만 년 전의 움막 유적.

02	인류의 이동과 건축의 변화	피그미족
		이동형 주택
	오할로 제2지구 유적(약 2만 3000년 전)	

남프랑스의 테라 아마타 유적 주거 복원도
약 38만 년 전. 타원형이고 바닥에 화로가 있음.

우리 현생 인류의 공통 조상°인 호모 사피엔스는 약 7만 년 전의 인지 혁명 이후 아프리카 밖으로 이동하기 시작합니다. 이들이 아프리카를 벗어난 것은 기후 변동과 자원·식량 부족으로 인구 압력이 높아졌기 때문일 것입니다. 아마 세계 각지로 이동하기 위해서는 목숨을 건 각오가 필요했겠지요.

인류는 인지 혁명 이후 소통 능력이 발달한 덕분에 대형 동물을 더 많이 사냥하여 단백질을 대량으로 섭취하게 되었고 신체 능력이 더 향

● 아프리카 단일 기원설. 현재 DNA 연구자들이 가장 지지하는 학설.

줄어든 매머드

인류 확산도

상되었습니다.

　그런데 이처럼 인류가 세계 각지로 거주 영역을 넓힌 탓에 많은 대형 동물이 멸종합니다. 인간을 처음 본 동물은 아주 쉽게 잡혔을 테니까요. 갈라파고스 제도의 동물들을 생각하면 이해가 빠를 것입니다. 그 동물들은 오랫동안 천적이 없었던 탓에 사람이 아무리 가까이 다가가도 전혀 도망치지 않아서 잡는 사람이 오히려 걱정할 정도입니다.

　호모 사피엔스의 진출에 즈음하여 대형 동물뿐만 아니라 네안데르탈인과 호모 플로렌스 등 다른 인류도 멸종˙합니다. 호모 사피엔스와의 세력 다툼에 패배한 것입니다. 반대로 아프리카 대륙에서는 인류와 동물이 오래전부터 근접한 상태로 살아왔으므로 다른 종의 멸종률이 높지 않았습니다.

　수렵·채집을 생업으로 삼은 인류는 계절 변화나 동물의 이동, 식물의 생육 주기 등에 맞춰 식량이 있는 곳으로 이동하면서 생활했습니다.

　이처럼 그때그때 이동하며 생활하는 주택 형태를 이동형 주택˙˙이라

●　네안데르탈인은 멸종했지만 호모 사피엔스의 DNA에 네안데르탈인의 DNA가 몇 퍼센트 섞여 있다. 따라서 먼 옛날에 교잡이 발생했을 것으로 추측된다.

●●　이동형 주택은 열대 지역이나 사바나 등 계절에 따라 식량 자원이 극단적으로 한곳에 치우치지 않는 곳에서 자주 쓰인다.

합니다. 이동이 많다 보니 짓는 데 공을
들일 이유가 없으므로 집은 어디까지나
임시로 설치한 것이었습니다. 동물의 둥
지와 비슷하다고 보면 됩니다. 단, 본능적
으로 둥지를 트는 동물과 달리 인류는 후
천적 학습의 결과로 집을 짓습니다.

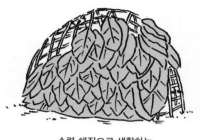

수렵·채집으로 생활하는
피그미족의 이동 주택

4시간이면 완성.
가진 것이 적어도 숲의 풍부한
자원으로 생활 가능.

　　인류 건축의 역사를 이해하려면 생활
이 이동형에서 정착형으로 바뀌면서 가
설이었던 주택 형태도 크게 달라진다는
점을 알 필요가 있습니다. 그리고 정착해
서 생활하려면 하나의 거점에서 식량을
안정적으로 얻을 수 있어야 한다는 점도
중요합니다.

암컷에게 잘 보이려고
바우어새가 만든 둥지

　　약 2만 3000년 전에 지어진 '오할로
제2지구 유적'을 보면 식량의 종류가 다
양했던 것으로 보입니다. 포도, 아몬드, 도토리, 야생 보리, 밀의 흔적이
나왔고 육식의 흔적으로는 가젤, 사슴, 토끼뿐만 아니라 물고기 뼈도
나왔습니다. 아무래도 이들의 식탁은 상당히 풍성했을 듯합니다. 심지
어 여기서는 움막과 석조 설비, 무덤, 저장고의 흔적도 발굴되었습니다.
　　즉, 식량이 안정적으로 확보되면 수렵·채집 사회가 정착 사회로 변
한다고 할 수 있습니다.

　　수렵·채집 사회가 계속 확대된 결과 인류는 약 1만 년 전에 드디어
남미 최남단에 도달했습니다. 지구의 모든 생물이 세계의 다양한 환경
에 진화로 대응했지만, 그중에서도 인류는 창의적 발상으로 환경에 적

식량을 구하기 쉬운 지역에서는 사는 곳을 옮기지 않아도 된다.

응한 유일한 존재입니다. 그 결과, 앞서 말했다시피 인류의 확대는 다른 인류와 동물에게 큰 충격을 끼쳤습니다.

수렵·채집 사회의 역사는 인류 역시 자연의 순환 속에서 산다는 진실을 우리에게 가르쳐줍니다. 이 가르침이 지속 가능한 현대 사회를 만드는 데 큰 도움이 될 것입니다.

약 1만 4000년 전에 마지막 빙하기가 끝나고 온난한 시대가 시작됩니다. 그러자 이번에는 인구 급증이라는 전혀 다른 문제가 발생합니다. 인류는 이 새로운 국면을 맞아 드디어 농경을 시작합니다.

03 | 시베리아로 진출한 호모 사피엔스가 지은 집

에스키모
반정착 생활

시베리아 도달(약 2만 년 전)
캐나다 극지 도달(약 5000년 전)

이글루
사냥감을 따라 자주 이동하는
생활에 적합하다.
겨우내 쓸 수 있음.

　약 2만 년 전, 오랫동안 인류가 접근하지 못했던 얼어붙은 땅 시베리아 최북단에 마침내 호모 사피엔스가 도달했습니다. 그리고 이들은 약 1만 4000년 전에 아메리카 대륙으로 진출하여 거주 영역을 더 넓혔습니다. 호모 사피엔스는 어떻게 시베리아로 이동할 수 있었을까요?

　네안데르탈인은 지리적, 시대적 다양성이나 변화가 부족한 데다 한정된 종류의 석기만 사용했습니다. 언제 어디서나 똑같은 자원과 환경에 의존했던 것입니다. 한편 호모 사피엔스는 다양한 도구를 사용했고

도구의 원재료 역시 돌뿐만 아니라 물고기나 나무, 뼈 등 다양했습니다.

자원과 환경의 변화에 따른 지리적, 시대적 변화도 컸습니다. 즉 호모 사피엔스는 자연환경에 더 적합한 생존 전략을 취했습니다. 그 결과 거주 영역을 비약적으로 넓힐 수 있었던 것입니다. 그리고 인류의 일부인 에스키모°가 약 5000년 전부터 캐나다 최북단 지역까지 도달했습니다. 지금부터 에스키모의 생활을 살펴보며 이들이 자연에 관한 창의적 사고를 토대로 어떤 문화를 잉태했는지 알아봅시다.

순록을 잡을 수 있을까?

에스키모와 의복

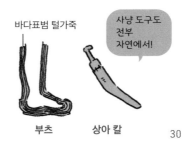

바다표범 털가죽

사냥 도구도 전부 자연에서!

부츠   상아 칼

북쪽 땅에서는 먹을거리를 구하기가 가장 어려웠을 것입니다. 농경은 거의 불가능하고 툰드라나 빙하 위에는 몸을 숨길 곳이 없어서 짐승과 물고기를 습격하기도 쉽지 않기 때문입니다. 그래서 이곳의 조상들은 혹한을 견디며 사냥감을 하염없이 기다린다는, 믿기지 않는 작전을 택합니다. 몇 시간씩, 때로는 며칠씩 숨어서 기다린 강인한 정신력이 놀라울 따름입니다. 그러나 바다표범 등을 한 마리만 잡으면 식량뿐만 아니라 의복과 주택, 용기, 도구, 무기, 연료 등

바다표범은 시력이 나쁘거든.

끈질기게 사냥감을 기다리는 전략

● 에스키모는 바다짐승과 물고기를 사냥하는 수렵·채집 민족으로, 서쪽의 시베리아에서부터 알래스카, 캐나다, 그린란드까지 분포한다. 농사는 짓지 않고 일부 지역에서 목축으로 순록을 키운다. '이누이트' 또는 '유피크'로도 불린다.

바다표범 털가죽

반정착 주거용 텐트

개 썰매로 이동
수백 킬로미터쯤은 아무렇지 않게
이동한다.

다양한 물품의 재료까지 확보할 수 있었습니다. 자연의 혜택을 남김없이 누릴 수 있었죠.

하지만 계절에 따라 사냥감이 흩어져 있는 것이 또 다른 고민거리였습니다. 바다표범이나 바다코끼리는 얼음이 녹으면 다른 곳으로 이동하니까요. 그래서 이들은 사냥감을 따라 먼 곳으로 옮겨 다니는 반정착 생활을 선택했습니다. 이동에는 큰 위험이 따랐지만, 그보다 식량이 떨어지는 상황이 더 두려웠을 것입니다. 그래서 수십 번씩 거주지를 옮기거나 한 번에 수백 킬로미터씩 이동하는 사람들도 있었습니다. 이들은 식량이 있을 만한 곳에 반쯤 정착하여 사냥을 하며 생활하다가 동물이 줄어들면 다시 이동하기를 반복했습니다.

이런 반정착 생활에는 어떤 건축이 필요했을까요?

인류 주거의 형태에 가장 큰 영향을 미친 요소는 주거의 기능이 아니라 '구할 수 있는 소재'였습니다.

겨울용 주거 중 움집[1]은 목재가 풍부할 때만 가능한 형태였습니다. 돌이나 잔디밭 등에 벽을 세우고 가죽으로 지붕을 덮을 수도 있었지만 중부 캐나다의 북단에서는 나무와 돌, 흙을 구할 수 없었습니다. 연중 강풍이 불고 기온이 낮아서 텐트도 치기 어려웠을 것입니다. 반정착 주거인 이글루*는 이런 자연환경에서 탄생했습니다.

이글루를 지으려면 눈의 성질을 잘 알아야 합니다. 눈은 특수한 칼로 쉽게 도려낼 수 있지만 혹한의 환경이다 보니 이글루를 신속하게 설계해서 완성하지 않으면 목숨이 위험해집니다. 눈 벽돌을 쌓아 올릴 원형 평면의 크기와 벽돌의 크기를 순간적으로 정하는 판단력, 틀 없이 벽돌을 성형하는 기술력도 꼭 필요합니다. 얼어붙을 듯이 춥고 때로는 깜깜하기까지 한 환경에서 재빨리 이글루를 완성해야 하므로 강인한 체력과 정신력도 필수입니다.

이글루는 아치로 이루어져 있어 구조가 매우 합리적입니다. 눈이 무수한 구멍에 공기를 머금고 있어서 방한성도 뛰어납니다. 또 3~4인용 이글루를 혼자서 1시간이면 완성할 수 있을 만큼 짓는 속도도 빠릅니다.

✦ 이글루 만드는 법

① 바닥에 집터를 표시한다.

② 눈 벽돌을 잘라내서 나선형으로 쌓아 올린다.

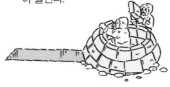

③ 마지막에 쐐기 모양의 벽돌을 딱 맞게 끼워 넣는다.

④ 섭씨 20도를 넘는 실내 온도에 눈이 녹지 않도록 안쪽에 가죽을 두른다.

내부는 아주 따뜻해요.

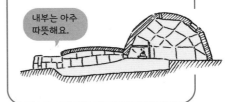

• '이글루'란 에스키모어로 '집'을 가리킨다. 흙, 돌, 고래 뼈 등 어떤 소재로 만들어도 '이글루'인 셈이다. '눈 이글루'는 전통적으로 중부 캐나다 북단에서 쓰였다.

'에스키모'는 옛날에 물물 교환 목적으로 이곳에 왔던 아메리카 원주민이 '날고기를 먹는 사람'이라는 뜻으로 붙인 이름이라고 합니다. 날고

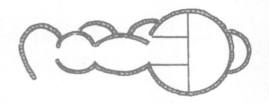

이글루 평면도

기를 먹는 관습을 야만적이라 여겼던 시대도 있었지만, 날고기에는 비타민 C가 풍부합니다. 대항해 시대에 뱃사람들을 위협한 괴혈병도 비타민 C 부족이 원인이었습니다. 다시 말해 날고기를 먹는 관습도 어떤 환경에서는 매우 합리적입니다.

에스키모의 조상들은 문명과 동떨어져 살면서 밝고 순수하고 개방적이며 강인한 정신문화를 개척해왔습니다. 현대화의 물결에 따라 이런 문화도 점점 사라지고 있지만, 가혹한 대자연과 조화를 이루며 살아가는 에스키모의 문화 속에 인류의 미래에 꼭 필요한 교훈이 숨어 있지 않을까요?

---

1   선사 인류의 주거. 땅을 파고 지붕을 덮었으며 돌바닥, 화로, 배수구가 있었다.

비옥한 초승달 지대에 정착한 사람들

차탈회위크 유적(B.C. 6000경)

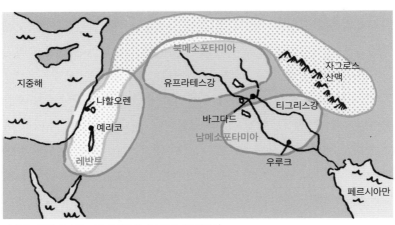

북메소포타미아

자그로스 산맥

지중해

유프라테스강

나할오렌

티그리스강

예리코

바그다드

남메소포타미아

레반트

우루크

페르시아만

다행히 비옥한 초승달 지대에 야생 밀과 보리가 분포했음.

　기원전 1만 4000년경, 지구가 따뜻해지자 밀림이 증가하고 초원의 대형 동물이 사라집니다. 인간은 작은 동물과 물고기, 식물을 먹는 잡식 동물로 변해갑니다. 그 결과 유럽의 추산에 따르면 기원전 2만 1000년경에 13만 명이었던 인구가 기원전 1만 1000년경 41만 명으로 증가했습니다. 식량 확보가 쉬워졌다는 뜻입니다.

　야생 밀이나 보리가 잘 자라는 비옥한 초승달 지대에는 나투프 문화가 등장합니다. 밀과 보리를 채집할 때 쓰는 낫, 가공할 때 쓰는 절구 등 도구 종류도 많아집니다. 사람들은 염소와 가젤을 사냥하기도 했지만,

보리(좌), 밀(우)

동물 장식이 달린
낫(좌)과 절구(우)
입체적 표현이 새롭다.

인면상
인간을 표현하기 시작했다는
것이 나투프 문화의 특징.

주업은 곡류 채집(재배가 아님)이었습니다. 야생 자원이 워낙 풍부하여 면적이 2000제곱미터나 되는 정착 취락도 형성되었습니다. 이렇게 사회 구조가 바뀌고 문화가 싹트기 시작합니다. 이 사건을 신석기 혁명*으로 칭합니다.

하지만 곡물 재배를 통한 '농경'은 아직 시작되지 않았습니다. 왜일까요?

힘든 농경을 굳이 시작하지 않아도 되었기 때문입니다. 밀이 자생하는 곳에서 채집 실험을 한 결과, 며칠만 채집 작업을 하면 4~5인 가족이 1년간 먹고살 식량을 얻을 수 있었다는 사실이 밝혀졌습니다.

그런데 기원전 1만 1000년경 영거 드라이아스기**가 시작되어 지구가 다시 추워지자 식량이 부족해집니다. 그래서 텔 아부 후레이라[1]와 중국의 조통환(댜오퉁환) 등에 사는 사람들이 어쩔 수 없이 야생 밀과 콩을 재배하기 시작합니다. 그러다 기원전 9600년경에 지구가 다시 따

---

* 토기와 마제석기[2]를 늘 사용하지는 않았으므로 이견이 있다.

** Younger Dryas. 약 1만 2800년 전부터 약 1300년 동안 지구가 급격히 추워진 시기.

할라프 토기
기원전 5000년. 토기는
기원전 6000년경부터
보급됨.

뜻해지자 재배하던 품종의 생산량이 확 늘어나서 인구가 급증합니다.

인류는 풍부한 곡류에 의존하여 더 빨리 정착하고 취락을 형성합니다. 기원전 8500년 이후 이스라엘의 나할오렌[3]에서는 돌을 쌓아 집도 짓습니다. 정착 생활에 익숙해지자 주거의 내구성을 높이려 한 것입니다. 심지어 기원전 7600년경에 만들어진 요르단강 서안의 예리코 유적에는 범위가 4헥타르나 되는 취락과 높이가 9미터나 되는 망루, 두께가 2미터나 되는 성벽까지 있습니다. 땅이 풍요해서 전쟁이 일어났던 모양입니다.

기원전 9000년 이후, 마침내 텔 아부 후레이라에서 본격적인 농경이 시작됩니다. 염소나 양도 기원전 8000년경부터는 생활에 꼭 필요한 가축으로 변해갑니다.

그리고 기원전 6000년 전후로 농경 기술이 토기와 함께 이라크 북동부와 아나톨리아(아시아 쪽의 튀르키예, 소아시아라고도 함)로 확대됩니다.

<mark>이때 세계 최대의 취락으로 성장한 곳이 비옥한 초승달 지대 부근 아나톨리아에 있었던 차탈회위크입니다.</mark>

차탈회위크는 면적이 무려 13헥타르나 되었고 건물에 흙벽돌[4]과 목재가 쓰였습니다. 집은 틈새 없이 불규칙하고 빽빽하게 배열되었으며 출입구가 지붕에 있어서 독특합니다. 아마 방어를 위해 선택한 구조였을 것입니다.

36

집에 창이나 복도가 없어서
옥상의 사다리로 출입함.

차탈회위크 유적 복원도

차탈회위크 유적의 신전 복원도
소와 여성을
신성시했으며
자연재해를 그려
평온을 기원했다.

벽은 회반죽으로
희게 칠했다.

소 머리 부조

차탈회위크 유적의 신전에는 소나 여성을 표현한 부조, 화산 폭발이
나 사냥 장면을 그린 벽화 등 당시의 생활상이나 사상이 엿보이는 흥미
로운 장식들이 있습니다.

이때까지는 '수렵 취락과 농경', '이동 생활과 정착'이 명확히 구분되
지 않았지만, 풍요한 지대이니만큼 인구가 계속 증가하고 그 인구를 지
탱하기 위해 농경 의존도가 높아지면서 사람이 땅에 묶이게 되었을 것
입니다.

유라시아 대륙에는 다행히 재배할 수 있는 야생종 곡물*, 가축화할
수 있는 동물이 있었으므로 농경과 목축이 실현되었습니다. 이것은 문
화와 문명이 탄생하고 순환하는 세계사의 흐름을 이해하는 데 매우 중
요한 사실입니다.

비옥한 초승달 지대는 겨울이 습하고 따뜻하며 여름이 건조하고 더

● 20만 종의 종자식물 중 사람이 먹을 수 있는 것은 불과 수십 종이며, 그 원종
이 거의 유라시아 대륙에 존재한다. 가축화할 수 있는 동물도 마찬가지다.

웠는데, 이런 기후 역시 농경을 시작하는 데 도움이 되었습니다. 한편 가젤 등이 확 줄어든 데다 큰 하천이 없고 해안선도 짧아 어패류가 적었으므로 수렵·채집 거점으로는 적합하지 않았습니다.

다른 지역보다 서아시아 사람들이 먼저 모이고 정착하여 취락을 형성하고 문화를 키워낸 것은 식량난에 따른 위기감과 자연환경의 특징 때문이었습니다. 그 후로도 메소포타미아에서는 취락의 인구 밀도가 점점 높아진 결과 마침내 도시와 문명이 탄생합니다.

---

1   Tell Abu Hureyra. 시리아 유프라테스 계곡에 있는 선사시대 고고학 유적지.
2   날 부분이나 온 면을 갈아서 만든 석기. 신석기 시대의 특징적인 석기이다.
3   Nahal Oren. 나투프 문화의 유적이 발굴된 곳.
4   진흙으로 빚어 햇볕에 말린 벽돌.

05	아프리카의 흙집에는 세계관이 있었다	북아프리카
		흙집
		도곤족
	도곤족 마을(1300경)	암마 신

도곤족 마을의 집

　북아프리카에는 서아시아에서 시작된 농경과 목축*이 도달했지만 사하라 사막 이남에는 좀처럼 도달하지 못했습니다. 여기에 농경이 뿌리내리지 못한 데에는 부적합한 기후 외에도 중요한 이유가 있습니다.

　기원전 1만 2000년 무렵의 온난한 시대에는 사하라 일대가 습윤했으므로 다양한 식물이 자랐습니다. 암각화에서 보이듯 코끼리나 코뿔소, 기린 등 야생 동물도 풍부해서 사람들이 수렵·채집으로 생활하기

　●　　서아시아의 농경과 목축 시스템은 농과 목이 유기적으로 결합한 토지 고정 집중형 시스템이다(소를 활용한 쟁기질 등).

타드라르트 아카쿠스 암각화
리비아 서부 지역. 한랭화, 사막화로
그림에 등장하는 동물 수가 줄어들었다.

소를 가축화했다.

마을 사냥꾼의 집에 있는 축제용 가면
동물에서부터 신화 속 인물, 자연 사상을
표현한 것까지 90종이나 된다.

에 충분했습니다.

그러나 기원전 6000년 이후의 암각화에는 가축이 된 소가 자주 등장합니다. 그리고 기원전 5000년 무렵에는 사하라 남동의 사헬 지역에서 아프리카 수수와 아프리카 벼를 재배하기 시작합니다.

기원전 3500년경부터 한랭화가 시작되자 사하라 일대는 건조해져 식량 부족이 심각해졌습니다. 그러나 서아시아의 작물과 양, 말, 소는 여전히 남쪽으로 진출하지 못했습니다. 오히려 이곳 사람들은 아프리카에서 나는 곡물을 재배하고 가축을 키우는 반농반목* 생활을 선택했습니다. 사하라 이남에 흔했던 풍토병이 사람뿐만 아니라 서아시아형 농경·목축까지 거부했기 때문입니다.

열대 우림과 그 주변의 자연에는 지구에서 가장 다양한 생물이 서식하고 있습니다. 한랭한 기후, 영하의 기온을 견디지 못하는 생물도 있고 다양한 기생 생물이 존재합니다. 그중 발굽 동물에 기생하는 생물인 트리파노소마 등은 인체에 침입하면 치명적

● 아프리카에서 자주 보이는 '반농반목'은 농과 목이 유기적으로 결합했다기보
다 자연환경, 토지 상황에 따라 농과 목의 비중이 유연하게 바뀌는 시스템이다.
아프리카의 농경 목축이 독자적으로 시작되었는지도 아직 밝혀지지 않았다.

인 수면병을 일으킵니다. 또 화전 농업을 하다 보면 빈 땅에 모기가 번식하여 말라리아를 퍼뜨리기 쉽습니다. 심지어 아프리카에 서식하는 기생 생물 대부분은 사람에게 면역 반응을 일으키지 않아 혈액 속에 항체조차 만들지 못하게 합니다.

이런 이유로 인류는 아프리카 생태계에 큰 영향을 미치지 못하게 되었습니다. 다른 생물들이 복잡한 작용으로 생태계의 균형을 유지한 덕분에 인류가 압도적 우위에 서지 못한 것입니다. 그 덕분에 아프리카는 동물 멸종률이 상대적으로 낮았고 미경작 상태인 원시의 땅이 지금도 남아 있는 상태입니다.

그러나 서아시아형 농경 목축이 정체된 효과는 그뿐만이 아닙니다. 덕분에 장대한 세계관과 독특한 흙집을 가진 도곤족이 존속할 수 있었습니다.

도곤족은 10~12세기에 아프리카의 이슬람화를 피해 사막 가장자리의 바위 지대에서 살기 시작했습니다. 이들은 아프리카 전통문화를 간직하며 생활하고, 신화에 기반하여 건물을 짓습니다. 만물의 원천인 암마 신이 사람의 모습으로 땅을 만들었다는 신화를 따라 마을과 집을 사람 모양으로 짓는 것입니다. 머리 부분에 집합소를, 다리 부분에 두 곳의 사원을, 펼친 양손 끝에 월경 중인 여성들이 지낼 둥근 집을 배치하는 식입니다.[1]

낭떠러지 위에 펼쳐진 요새 같은 티렐리 마을

집은 흙과 돌로 단단히 쌓아 올리고 흙으로 꼼꼼히 칠해 완성합니다. 이 집은 흙벽이 두꺼워 단열성이 뛰어나고 창구멍이 작아 열 손실

도곤족의 마을
사람 모습을 본떠 만든 집. 주방이 머리,
침실이 배, 현관이 다리.

이 적은 등 소재와 모양이 합리적입니다. 또, 방치하면 비바람에 흘러내려 땅으로 다시 돌아갈 테니 그야말로 아프리카의 자연환경과 하나가 된 집이라 할 수 있습니다.

기생충과 병원균, 뜨거운 기후 탓에 농경과 목축의 진행이 수천 년이나 늦어져*인구가 늘지 못했습니다. 이 자연의 장벽은 사하라 이남 아프리카의 문명 성립을 저해한 요소인 동시에 그곳 사람들을 타국의 침략에서 오랫동안 지켜준 '보이지 않는 성벽'이기도 했습니다. 이 웅장하고 강력한 자연 장벽 덕분에 대자연과 어우러진 1500개 이상의 민족과 다양한 문화가 탄생했음을 기억해야 합니다.

---

* 3200킬로미터에 달하는 열대 지역이 장벽으로 작용한 탓에, 남아프리카가 농경에 이상적인 지중해성 기후를 갖추었음에도 서아시아형 농경 목축을 받아들이기까지는 상당한 시간이 걸렸다. 소, 말, 양, 염소의 가축화 흐름도 케냐 부근에서 중단되어 약 2000년간 정체했다.

---

1 도곤족은 월경을 부정하게 여기므로 월경 중인 모든 여성은 마을 끝 집에 틀어박혀 지내야 한다.

06	세계 최초의 문명 도시에 세워진 건축물	우바이드 문화 메소포타미아 지구라트 사마라 문화

에리두 신전(B.C. 5000경~)
도시 우루크(B.C. 3500~B.C. 3000경)

사막의 섬 같은 도시 메소포타미아의 지구라트 복원도
지구라트는 고대 메소포타미아의 제사 시설로, 대량의 흙벽돌을
계단 모양으로 쌓아 올려 만들었다.

빗물을 이용하는 원시 농경은 비가 어느 정도 내리는 자그로스산맥
기슭에서 기원전 8000년경부터 시작되었습니다. 한편 티그리스강 상
류의 사마라는 연간 강수량이 200밀리미터 이하로 적어 원시 농경에
부적합했지만, 오히려 그런 불리함 덕분에 소규모 관개를 탄생시킵니
다. 사마라 문화는 이후 확대되어 인구 약 1000명 규모의 초가 마미 유
적(기원전 5000년경) 등을 남겼습니다.

기원전 5800년경부터 메소포타미아 남부에는 작은 정착지가 드문 드문 나타납니다. 기원전 5300년경에 등장한 우바이드 문화도 그중 하나로, 사마라 문화의 특징을 대부분 받아들여 성립되었습니다.

우바이드 사람들은 처음에는 농경 및 어로(어패류를 포획하는 행위)와 소 목축을 균형 있게 병행하면서 다른 지역과는 깊이 교류하지 않았습니다. 그러나 우바이드 3기(기원전 4300년경~)부터는 메소포타미아 북부, 이란 남서부, 아나톨리아 남동부로 자신들의 문화를 급격히 전파합니다. 관개 기술이 크게 발전하고 곡물 생산량이 늘어나 사회 조직이 급격히 진화했기 때문일 것입니다.

이곳 메소포타미아의 자연환경은 어땠을까요?

남부의 평야(저지)는 겨울에도 비가 적어 연간 강수량이 약 150밀리미터에 불과했으므로 농경에 적합하지 않았습니다. 게다가 5~10월에는 너무 더워 바그다드 부근의 기온이 섭씨 50도까지 올라갔습니다. 봄마다 유프라테스강과 티그리스강의 수원인 산지에서 내려온 눈이 녹아 비옥한 토양을 만들어주어 작물 재배를 도왔지만, 여기에도 홍수라는 위험이 따랐습니다. 즉, 이곳은 광대한 평지로 보이지만 사막이라는 바다 위의 섬처럼 한정된 농경지였습니다. 그래서 도시와 취락도 대대로 한 장소 위에 층을 쌓듯 겹쳐서 건설되었습니다.

그런데 여기에 기후 변동에 따른 위기가 찾아왔습니다. 기원전 3500년경부터 지구가 한랭화하기 시작한 것입니다. 강수량이 감소하여 메소포타미아 남부에 심각한 가뭄이 발생했습니다. 사람들은 이전의 정착지를 버리고 큰 강 유역의 저지로 이동하여 관개 기

관개
하천과 호수, 지하수 등의 물을 인공적으로 끌어와 농경에 활용하는 일.

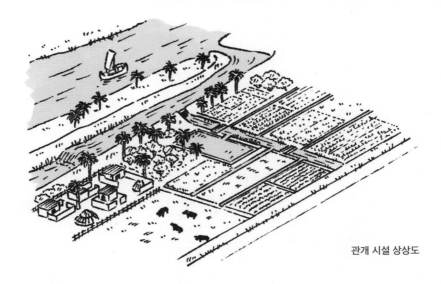
관개 시설 상상도

술로 식량을 생산하기 시작했습니다. 그 결과 인구가 늘어나고 취락이
거대해졌습니다.

이때 태어난 세계 최초의 문명 도시가 '우루크'입니다.

수로를 만들고 관개 시설을 잘 운영하려면 사람들을 하나로 통합하
여 움직일 지도자가 필요했습니다. 지도자의 권력은 농사가 잘될수록
강해졌고 강해진 지도자는 관개 시스템을 더 고도로 발전시켰습니다.
이렇게 지배자와 관료가 등장합니다. 동시에 농사 효율을 높이는 농기
구나 권력자의 장신구를 만들 기술자도 등장합니다.

나무와 돌, 금속 자원이 없었던 메소포타미아 사람들은 남은 식량을
활용한 교역에 힘썼습니다.
그래서 교역을 담당하는 상인
도 등장합니다. 주변에 사는
유목민들도 자신이 키운 가축
의 고기와 젖, 가죽을 식량이

지배자

관료

기술자

상인

46

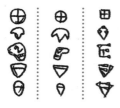

✦ 문자의 탄생

좌: 교환권

기원전 8000년경의 것으로 추측된다. 재료는 점토이고 형태는 구형 등 다양하다. 대여 기록 등의 관리에 쓰였다.

중: 그림 문자

우루크의 문서에서 발견되었다. 점토판 위에 필기구로 선을 그었다.

우: 쐐기 문자

표음 문자를 쓰면서 복잡한 기록도 가능해졌다.

나 도구와 교환하려고 찾아왔습니다. 접근이 편리한 열린 지형이었으므로 다양한 사람과 물품, 기술, 정보가 끊임없이 이곳으로 모여들었습니다.

이윽고 성벽으로 둘러싸인 도시 우루크는 범위가 600헥타르까지 넓어졌고 인구도 약 5만 명까지 성장합니다. 이곳 사람들은 금, 은, 동과 수정, 터키석, 목재, 상아 등 다양한 물품을 수입했으며 그것들로 편리한 도구나 미술품을 만들어 부의 상징으로 삼기도 했습니다.

세계사 최초의 도시와 문명은 이처럼 농경 사회, 유목 사회, 상업 사회가 합쳐지는 지점에서 탄생했습니다. 다양한 사람들을 통합하기 위해 시스템이 필요했으므로 시스템을 운용하는 책임자인 관료가 등장했고 왕권도 성립했습니다.

한편 시스템 운용에 꼭 필요한 문자도 발명되었습니다. 비로소 세계사는 문자가 없는 선사시대에서 문자가 있는 역사시대로 넘어갑니다.

시스템의 중요한 역할은 정확한 정보의 습득과 처리, 질서의 창조와 유지입니다. 그중에서도 행정 정보나 경제 기록은 정확해야 합니다. 우루크에서도 거대한 공공 조직을 관리, 운영하기 위해 물품, 가축, 노예수를 세고 곡물의 양을 재고 토지 면적을 계산하는 기록 시스템이 꼭 필요했습니다. 기록이 정확해야 교역의 충돌도 피할 수 있으니까요.

사회를 질서 있게 통합하려면 사상 공유도 필수입니다. 그래서 '홍수 전설'을 통해 하천 범람이라는 자연의 압도적인 힘이 공유되었습니다. 이 글의 저자는 대자연 앞에 선 인간의 무력함을 기록하여 후세에 위기감을 공유하는 동시에 힘을 모아 강인하게 살아남자는 의지를 전달했습니다. 허구든 아니든 이런 사상을 매개로 집단이 단결합니다. 집단이 함께 움직이면 강한 힘을 발휘할 수 있습니다.

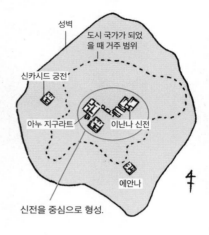

수메르인이 지은 도시 우루크의 개략도
둘레 약 9.5킬로미터의 성벽에 둘러싸였다.

성벽
도시 국가가 되었을 때 거주 범위
신카시드 궁전
아누 지구라트
이난나 신전
에안나
신전을 중심으로 형성.

인류는 문자 덕분에 정보를 눈에 보이는 형태로 후세에 남길 수 있게 되었습니다. 전달의 정확성도 입으로 전할 때보다 훨씬 높아졌습니다.

이처럼 다양한 사람을 통합하는 시스템이 문명*이고 그 시스템으로 작동하는 곳이 도시입니다.

세계사 최초의 도시와 문명은 그야말로 세계의 중심이었지만 뜻밖의 부작용도 낳았습니다. 격차, 전염병, 전쟁입니다. 도시에서 특히 비대해진 이 문제들은 이후 역사에서 끝없이 반복됩니다.

통치자는 문제가 일어나는 와중에도 사람들을 통합하기 위해 신에게 기도하고 의례를 행했습니다. 또, 신화를 만들어 책으로 기록하고 신을 둘러싼 사상을 공유하고 사회적인 연계를 강화했습니다.

• 이 책에서는 자연과 인간의 관계에서 생겨난 생활, 물품, 건축을 '문화'로 칭했으며, 민족도 다르고 생활 양식도 농경, 목축, 교역 등으로 다른 다양한 사람들을 통합하는 사상과 규칙이 인구 밀도 높은 도시에서 기능하는 상태를 '문명'이라고 칭했다.

에리두 신전 발전 과정
1000년 이상에 걸쳐 신전이 어떻게 발전했는지 알 수 있다.

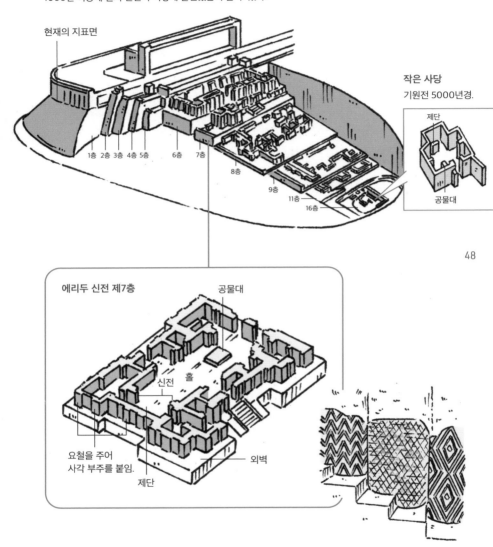

현재의 지표면

1층 2층 3층 4층 5층 6층 7층 8층 9층 11층 16층

작은 사당
기원전 5000년경.

제단

공물대

에리두 신전 제7층

공물대

홀

신전

요철을 주어
사각 부주를 붙임.

제단

외벽

콘 모자이크[1]로 장식된 신전 기둥

우루크의 에안나 지구에는 신전을 비롯한 거대 공공건물이 속속 들어섰습니다. 절대적 시각 효과를 활용하여 민중에게 사상을 확실히 전달하기 위해 무대가 되어줄 건물이 필요했기 때문입니다. 그중에서도 에리두 신전은 초기 우바이드 문화의 제사 시설이 어떻게 변천했는지 살펴볼 수 있는 귀중한 건축물입니다. 그런데 여기에 놀라운 사실이 숨어 있습니다.

에리두 신전이 1000년 이상에 걸쳐 낡은 신전 위에 계속 지어졌다는 것입니다.

이것은 메소포타미아의 도시에 공통된 특징으로, 당시에 홍수가 얼마나 자주 일어났는지 짐작하게 합니다.

일례로 기원전 5000년에 지어진 작은 사당이 위에서 16번째 층에서 발견되기도 했습니다. 이 사당의 벽은 흙벽돌이고, 실내 마감재는 흰 회반죽이었습니다. 기도하는 장소를 최대한 신성하게 만들고 싶었는지, 벽 뒤에 1미터 깊이의 알코브²를 만들어 제단을 두기도 했습니다.

한편 7번째 층은 크게 3열로 구분되어(3분형) 있으며, 공물을 놓는 공물대를 거쳐 제단 측면에 도달하도록 설계되어 있습니다. 신에게 똑바로 다가가는 것을 불경하게 여겼던 모양입니다. 외벽에 나란히 늘어선 사각형 부주³는 구조상 필요 없는 부분입니다. 다만 해가 비칠 때 연속된 요철이 깊은 음영을 만들어내므로 신전다운 분위기를 내는 장치로 이용했을 것입니다. 입구의 움푹 파인 부분은 안쪽의 신성한 공간과 경계를 지어줍니다. 이 양식과 디테일이 '종교 건물의 모범'이 되어 현대까지 이어집니다. 이런 종교 건물은 신뿐만 아니라 도시와도 밀접한 관계를 유지하며 권력을 뒷받침해왔습니다.

최초의 도시와 문명을 낳은 메소포타미아는 자연환경이 가혹하여 이곳 사람들은 생존을 위협하는 자연재해와 늘 이웃해야 했습니다. 그러나 이들은 관개를 시도하고 인공 지반을 조성하는 등 자연을 크게 개조하여 환경에 적응하기 시작했습니다. 전례 없는 고밀도 주거 환경 탓에 온갖 문제가 발생했지만, 그것이 사회 구조의 발달을 앞당겼습니다. 게다가 관개의 압도적인 힘 덕분에 이전과는 비교도 안 될 만큼 많은 잉여 식량이 생산되었습니다.

바로 이 잉여 식량이 이후 건축과 예술, 철학, 정치, 도시와 문명을 발달시키는 원동력이 되었습니다.

---

1   흙을 원뿔 모양으로 구워 촘촘히 쌓아 모양을 낸 모자이크.
2   서양식 건물에서, 벽의 한 부분을 쑥 들어가게 만들어놓은 부분. 침대나 의자를 들여놓고 때때로 문이나 난간대로 막아놓기도 한다.
3   付柱. 붙임 기둥. 벽 속에 기둥 일부가 파묻혀 있다. 원형, 사각형 등 형태는 다양하며 주로 장식 목적으로 쓰인다.

07 | 유목민의 출현과 이동식 주거의 탄생

몽골
가축화
유목민

게르(B.C. 200경 이후 존재)

몽골 대초원에서 사는 유목민과 게르, 가축들

농경이 확대된 도시나 취락에서는 목축(한곳에서 가축을 사육하는 일)에 필요한 넓은 땅을 확보하기가 어려웠습니다. 그래서 목축민들은 농사를 지을 수 없는 지역으로 진출했습니다. 얼핏 불리해 보이지만, 초식 동물인 가축은 농사를 못 짓는 땅이라도 풀만 있으면 살 수 있으므로 가축들과 함께 자연조건이 맞는 곳으로 계속 이동하는 것이 유리합니다.

유목민과 말
기원전 3500년경 지구가 추워지자 몽골과 티베트 등에 초원이 생겨났고 말을 가축화하기 시작했다.

좋아!

좋은 걸 갖고 왔네! 바꾸지 않을래?

그래서 유목민이 탄생합니다. 이들은 농경민과 따로 살게 되어 한숨 돌렸지만, 그냥 두면 가축들이 싸우거나 도망칠 수 있었습니다. 그래서 가축을 잘 유도하고 과식하지 않도록 관리하며 거세하여 성미를 가라앉히는 등 다양한 기술을 습득하고 발전시켰습니다.

굳힌 차를 그때그때 깎아서 쓴다.

유목민에게 가축*은 식량이기도 했으므로 수렵·채집민처럼 언제 식량을 확보할지 모르는 불안한 상황은 거의 사라졌습니다. 그래도 가축의 젖이나 고기만으로는 장기간 생활하기가 어려워서 농경민과의 교류를 통해 목축 생산물과 다른 물자를 교환해야 했습니다. 유목민이 이처럼 특정 물품을 갖고 통신과 교통이 불편한 곳을 몇백 킬로미터씩 이동하다 보니 교역과 상업에 자연스럽게 특화되었습니다.

식사

그러면 2500년 동안 시대를 석권한 기마민족의 원조, 몽골 유목민의 생활을 살펴봅시다. 이들은 아이가 말귀를 알아듣자마자 말을 태우므로 6세쯤이면 누구나 말을 탈 수 있습니다. 이렇게 평생 타다 보니 말을 몸의 일부처럼 여기는 것도 당연합니다.

이들의 주식은 다양합니다. 유제품으로는 치즈와 요구르트 등을 먹고 육류로는 양, 염소, 소의 고기를 먹고 말과 낙타는 거의 먹지 않습니다. 채소는 구하기 어려워서 차와 마유주(말 젖을 발효해 만든 술 또는 유제

●　가축은 기원전 8000년경에 서아시아에서 처음 출현했다. 몽골에서는 기원전 3000년경부터 가축을 키웠고 기원전 3세기에 유목을 시작했다.

품)로 비타민 C를 섭취합니다.

이동은 가축에게 질 좋은 풀을 먹이기 위해 한 해에 4회 이상 실시 합니다. 봄에 머무는 곳에서는 가축을 출산시키고, 여름에 머무는 곳에서는 말을 길들이고 양털을 깎으며, 가을에 머무는 곳에서는 풀을 많이 먹여 가축을 살찌웁니다. 그리고 겨울에 따뜻한 지역으로 이동하여 봄을 기다리는 것입니다. 이런 유목 생활을 계속한 결과, 이들은 몽골의 기후 풍토에 맞고 목축의 특징을 잘 살린 독특한 이동식 주거의 명작을 탄생시킵니다. 바로, 펠트를 덮은 천막 건물 게르입니다.

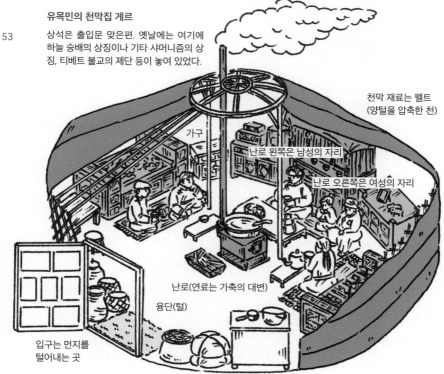

유목민의 천막집 게르

상석은 출입문 맞은편. 옛날에는 여기에 하늘 숭배의 상징이나 기타 샤머니즘의 상징, 티베트 불교의 제단 등이 놓여 있었다.

천막 재료는 펠트 (양털을 압축한 천)

가구

난로 왼쪽은 남성의 자리

난로 오른쪽은 여성의 자리

난로(연료는 가축의 대변)

융단(털)

입구는 먼지를 털어내는 곳

53

✦ **게르의 표준 크기는 항 5개짜리(지름 약 8미터)**

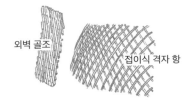

외벽 골조

접이식 격자 항

① 목판을 깔고 큰 가재도구를 미리 배치한다.

② 항을 가죽끈으로 묶어 원형으로 만든다. 토노(천창)를 기둥으로 들어 올리고 오니(지붕 골조)를 설치한다.

안에 있는 사람이 토노를 받치고 주위에서 오니를 끼워넣음.

③ 골조를 펠트로 덮고 끈으로 고정한 뒤 게르 전체를 덮어 완성.

2~3명이 진행하면 1시간쯤 걸림.

게르는 반드시 남향으로 짓습니다. 즉 입구를 남쪽에 두고 입구 근처에는 아무것도 두지 않습니다. 게르의 북쪽은 가축을 손질하는 장소입니다. 이렇게 하면 천창을 통해 들어온 빛으로 시간도 파악할 수 있습니다.

겨울에는 실내 온도가 내려가지 않도록 항(게르의 골조)을 몇 개 빼서 면적을 줄이고, 더운 여름에는 펠트를 말아 올려 실내로 바람을 끌어들입니다. 위로 갈수록 좁아지는 구조라서 원형 외벽이 지붕 무게로 무너지지 않고, 끈으로 몇 겹씩 고정하므로 튼튼합니다. 이런 유선형 구조는 초원의 강풍을 흘려보내는 데에도 이상적입니다. 실내에는 생활에 꼭 필요한 난로와 가구가 갖춰져 있어 포근함을 느낄 수 있습니다.

이동에 최적화된 고도의 장치인 게르는 자연과 어우러진 보물 같은 천막집입니다. 또 자연 자원과 가축의 주기에 맞춘 유목민의 생활 양식은 지속적 순환을 돕습니다. 목축민 중에서도 유목민은 생태계에 최대한 부담을 덜 주는 방식으로 살아갑니다. 게다가 유목민은 '점'으로 존재했던 취락과 도시를 문화 및 물자를 통해 연결하는 역할도 합니다.

한곳에 정착한 채 수많은 물자에 둘러싸여 사는 도시민의 눈에는 집과 살림 전부를 말 한두 마리에 실어 옮길 수 있는 유목민의 삶이 무척이나 자유로워 보입니다.

55 정착 생활에서 생겨난 사회 계층과 폐쇄성을 극복하려면 이처럼 경계 없이 다양한 사람을 받아들이는 유목민의 정신을 본받아야 하지 않을까요?

08	거석 구조물이 품은 비밀	농경 문화
		키클라데스 문화
	간티야 거석 신전(B.C. 3000경) 할 사플리에니 지하 묘지(B.C. 2500경) 뉴그레인지 대형 석실묘(B.C. 3000경)	거석문화

산인 줄 알았더니 무덤이네?

뉴그레인지의 대형 석실묘(아일랜드)

　서아시아에서 시작된 농경은 유럽에 전파되어 유럽인의 생활, 문화, 사상에 큰 영향을 미칩니다. 구석기 시대 유럽의 수렵·채집민은 협곡이나 계곡의 경사면에 생긴 동굴 등에 주로 살다가 한랭기에는 대형 동물을 따라 이동하거나 식용 식물을 찾아 이동했습니다. 그러나 지구가 따뜻해지자 아시아와 마찬가지로 식생활이 달라져 야생 보리, 가지, 렌즈콩, 물고기, 조개, 멧돼지, 아카시아 등을 먹고 살게 되었습니다.

　기원전 6000년경 그리스 에게해 연안에는 엠머밀, 맥주보리 등 재배종뿐만 아니라 양과 염소도 있었다

프랑크티 동굴
기원전 2만 3000년~기원전 3000년경.
수렵·채집민이 여기에 2만 년 이상 거주했다.

고 합니다. 농경과 목축이 함께 전파되었다
는 뜻이죠. 취락은 물이 풍부한 평지에 주로
형성되었습니다.

농경은 발칸반도, 이탈리아, 남프랑스, 이
베리아반도로 확대되어 기원전 5000년에
는 브리튼 제도(영국 제도)까지 도달합니다.

소용돌이무늬가 그려진 토기

청동기*시대(기원전 3000년경)에는 키클라
데스 제도로 불리는 에게해의 섬들에서 개
성적인 키클라데스 문화가 탄생합니다. 토
기에는 파도를 상징하는 듯한 원형 소용돌
이무늬가 그려집니다. 노 저어 파도를 헤치
는 배의 모습도 그려집니다. 또 유적에서는
밀로스섬에서 나는 흑요석 무기, 시프노스

부장품으로 쓰인
하프 연주자 석상, 새끼 곰 술잔

57

섬의 산물들, 라우리움(그리스 본토)에서 가져온 금은 팔찌, 청동기 단검
등이 출토되었습니다. 이곳 사람들이 배를 활용하여 광범위 교역 네트
워크를 만들었다는 증거입니다.

취락이 적은 데 비해 묘가 많은 점에도 주목할 만합니다. 무덤이 수
십, 수백 개나 모인 묘역도 있습니다. 묘의 부장품 중에는 멋진 대리석
용기나 정교한 석상이 많습니다.

이런 흐름을 타고 기원전 3000년경부터 거석 건축** 문화가 발전합
니다.

거석 건물 대부분이 묘라서 조상 숭배도 활발했음을 알 수 있습니다.

- 아시아에서 발명된 금속. 동과 주석의 합금으로, 녹여서 물건으로 만들기 쉬
  우면서 동보다 단단해서 농기구나 무기로 썼다. 희소가치가 있어서 장식품
  으로도 인기를 끌었다.
- 자연석을 활용한 구조물. 모서리를 다듬는 등 가공을 한 것까지 포함한다. 양
  식이 확립된 피라미드 등은 포함하지 않는다.

거석 구조물들

할 사플리에니 지하 분묘(몰타섬)
석실이 38개 있고, 면적은 500제곱미터에 달한다.

간티야 거석 신전의 제단(몰타섬)

뉴그레인지 석실묘(아일랜드)
동지가 되면 아침 햇살이 신전 안쪽 방까지 닿는다. 무게가 몇 톤이나 되는 석재도 있다. 중앙 묘실로 가는 통로의 입석은 높이가 2.4미터.

거석의 방향이 특정 시점의 일출이나 일몰 방향과 일치하는 점, 대부분 땅에 시신을 묻은 분묘인 점 등 공통분모가 많아서 흥미롭습니다.

몰타섬에 있는 거석 구조물 '할 사플리에니 지하 분묘'는 석회암을 파서 만든 미궁입니다. 침입자를 쫓으려고 통로를 미로 모양으로 얽어놓은 데다 계단에서 미끄러지면 물이 가득 찬 방으로 떨어지는 함정도 파놓았고 예배실 입구도 일부러 기둥, 들보와 같은 모양으로 만들어 숨겨놓았습니다. 둥근 천장은 납작한 돌을 쌓아 올려 만들었습니다. 뛰어난 기교를 발휘하여 신성한 공간을 지향한 것입니다.

몇몇 방에서는 키클라데스 문화에서 보았던 소용돌이무늬가 발견되었으며 유골이 7000구나 나왔습니다. 따라서 처음에는 예배실로, 나중에는 분묘로 쓰인 곳이라고 추측할 수 있습니다.

몰타섬에는 그 외에도 간티야의 거석 신전 등 거석 구조물이 많습니다. 시간이 흐른 뒤에는 거석들을 딱 맞게 이어 붙인 건물도 등장하므로 그 수와 기술에 경탄하게 됩니다. 한편 이 거석들을 어떻게 운반했는지는 아직도 수수께끼로 남아 있습니다.

그중에서도 건축학상 매우 중요한 유적이 아일랜드의 최대 고분인 뉴그레인지 석실묘입니다. 거석을 쌓아 만든 긴 통로(널길)로 들어가면 넓은 석실이 있고 상부가 전체적으로 흙으로 둥글게 덮여 있는데, 이것은 스페인, 프랑스, 브리튼 제도 등에 있는 거석 유적의 공통점입니다. 동짓날마다 묘실에 눈부신 햇살이 들어오게 되어 있는 것을 보면 당시 사람들이 정확한 천문 지식을 갖고 있었고 조상 숭배를 중시했으며 햇빛을 신성시했다는 사실을 짐작할 수 있습니다.

이곳의 거석 표면과 석실묘에서도 소용돌이무늬가 발견되었으므로 거석 건축물과 농경 문화의 밀접한 관계를 실감하게 됩니다.

59

농경으로 생산성이 높아진 덕분에 인구가 증가하고 잉여 에너지가 늘어났다는 사실을 이 거석문화를 통해 확인할 수 있습니다. 건축을 주도한 집단은 이 구조물에 상징적인 의미를 부여하여 토지를 점유할 정통성을 확보했을 것입니다. 그리고 여기서 치러지는 장례, 제례뿐만 아니라 건축 행위 자체에도 사회적 연대감을 형성하고 내부 분열을 해소하는 등 다층적인 목적이 있었을 것입니다.

하지만 이 거석 건축 문화도 결국은 소멸합니다. 그 원인은 무엇이었을까요?

---

1   고분의 입구에서 현실에 이르기까지의 길. 연도(羨道)라고도 한다.

09	스톤헨지의 돌들은 무엇을 의미할까	거석 건축 문화 솔즈베리
	스톤헨지(B.C. 3000경~)	

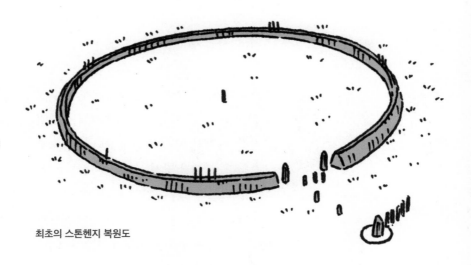

최초의 스톤헨지 복원도

　농경과 자연환경과 건축의 관계를 계속 살펴보겠습니다.

　농경의 가능성을 결정짓는 3대 조건은 기온(온난화와 한랭화), 물(강수량), 흙(토양)입니다. 앞서 말했다시피 맨 처음 농경을 시작했던 비옥한 초승달 지대는 기원전 6000년경에 버려졌습니다. 표토 침식으로 생산성이 현저히 저하되었기 때문입니다.

　여기서 잠시 그리스 최초의 농경 취락을 예로 들어 토양의 성질이 나빠지면서 유출되는 과정을 알아보겠습니다. 원래 이 취락은 물을 쉽게

소와 가래의 조합이 불러온 결과

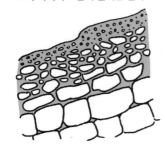

토양 생성보다 침식이 빠르면 건전한 토양이 사라진다.

소와 가래의 조합은 농경 생산성을 비약적으로 높였으나 토양 침식도 앞당겼다.

얻을 수 있고 양질의 토양이 있는 골짜기에 자리 잡았습니다. 그러다 인구가 늘어나자 경사가 심하고 생산력이 낮아서 사람이 살지 않던 곳까지 확대됩니다. 그 후로 사람들이 삼림을 벌채하여 광범위한 땅을 경작하고 방목하기를 반복했고, 그 결과 기슭의 토양이 벗겨지기 시작합니다. 삼림 벌채와 방목은 토양을 비로부터 지켜주는 피복을 벗기는 듯한 일이었으니까요. 꽃가루 조사 등에서도 기원전 4300년 무렵 이곳의 자연환경에 상당히 강한 인위적 압력이 가해졌다고 밝혀졌습니다. 그래서 당시 그리스 사람들은 농사로 먹고살기가 점점 어려워졌습니다.

그러면 서유럽의 끝인 브리튼 제도까지 농경이 도달한 결과 탄생한 거석 건축 문화는 어떻게 되었을까요? 이곳 사람들은 기원전 3000년 무렵부터 둑과 고랑으로 경계를 만든 뒤 그 안에 나무나 돌로 된 헨지(둥근 구조물)를 세우기 시작했습니다. 북서 유럽에 이런 헨지가 다수 분포하지만, 그중에서도 신석기 시대를 대표하는 거석 신전이 있는 솔즈베리의 헨지를 살펴보겠습니다.

이곳이 바로 1500년 넘는 긴 시간 동안 건축된 수수께끼의 천문 관측소 '스톤헨지'입니다.

스톤헨지의 돌 배열은 천체의 운행과 관계를 암시하는 것으로 여겨집니다. 사람들은 아마 이곳에서 농사 절기를 파악할 수 있었을 것입니다.

✦ 스톤헨지 조성 순서(추정)

① 거석을 굴림대에 올려 끈다. 거석을 세울 구멍을 판다.

② 지렛대 원리를 이용하여 거석을 세운다.

③ 구멍을 메워 거석을 고정한다.

④ 위에 올릴 돌도 지렛대 원리를 이용하여 한 단씩 올린다.

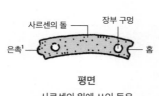

평면
사르센의 원에 쓰인 돌은
장부 및 은촉 가공이 되어 있다.

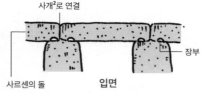

입면
원래는 목조 기술

건설은 단계별로 이루어졌습니다. 처음에는 제일 바깥쪽의 둑 주변에 돌을 둥글게 쌓아 달의 운행을 측정한 듯합니다. 그 후 길이 만들어지고 길 위에 힐스톤이 놓였는데, 하지에 뜨는 해가 힐스톤을 통과하여 스톤헨지의 중앙 제단석을 비추게 되어 있습니다. 그리고 안쪽에 원이 더 만들어졌습니다. 기원전 2600년경에 '사르센의 원'으로 불리는 부분이 생겼고, 그다음에는 안쪽에 문처럼 생긴 트릴리톤[3] 다섯 개(현재는

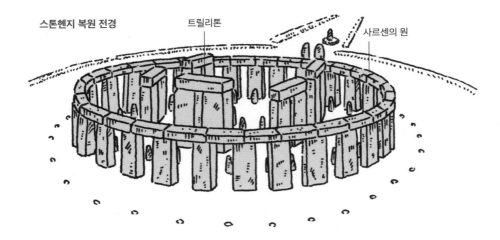

스톤헨지 복원 전경

트릴리톤

사르센의 원

스톤헨지의 배열
돌을 선으로 연결하여
중요한 천체 현상을
다양하게 표시할 수 있다.

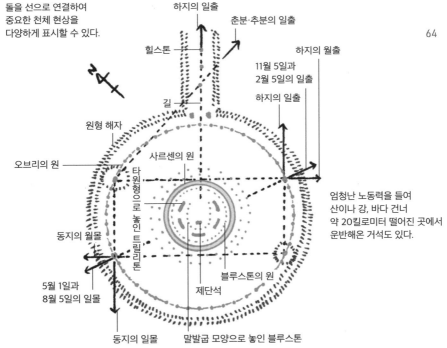

하지의 일출

춘분·추분의 일출

힐스톤

하지의 월출

11월 5일과
2월 5일의 일출

하지의 일출

길

원형 해자

오브리의 원

사르센의 원

타원형으로 놓인 트릴리톤

엄청난 노동력을 들여
산이나 강, 바다 건너
약 20킬로미터 떨어진 곳에서
운반해온 거석도 있다.

동지의 월몰

5월 1일과
8월 5일의 일몰

블루스톤의 원

제단석

동지의 일몰

말발굽 모양으로 놓인 블루스톤

세 개)가 말발굽 모양으로 놓였습니다. 그리고 중앙에 제단석이 놓이면서 거석으로 된 환상(고리처럼 둥근 모양) 열석이 완성되었습니다.

이 스톤헨지가 천문 관측 시설인지 태양 숭배 제사 시설인지 아니면 다른 무엇인지는 증명할 수 없습니다. 다만, 오랫동안 이곳이 브리튼 제도 각지의 취락 우두머리들이 모였던 정치, 경제, 종교, 권력의 중심이었다는 사실은 밝혀졌습니다.

그러나 이처럼 강대한 힘을 자랑한 스톤헨지도 서서히 쇠퇴합니다. 원래 주변 지역이 삼림으로 둘러싸여 있어 개간하기도 쉽고 살기도 좋은 땅이었는데, 과도한 경작으로 토양이 말라비틀어진 것입니다. 땅이 메말라 많은 주민을 먹여 살리지 못하게 되자 거석 건축 문화도 역사에서 사라지고 말았습니다. 건전한 토양을 보전하지 못하면 문화나 문명도 존속할 수 없는 것입니다.

그렇다면 이집트 문명이 3000년 이상 존속한 이유는 무엇일까요? 이제 그 답을 이집트 건축의 역사를 통해 알아보겠습니다.

65

---

1 두 부재를 잇기 위해 한쪽 부재 끝에 만든 돌기.
2 여러 장부를 끼우듯이 맞추려고 모서리를 가공한 것.
3 Trilithon. 두 개의 돌 위에 한 개의 돌을 얹은 것.

10	피라미드보다 먼저 만들어진 이집트의 묘	나카다 문화 피라미드 이집트 문명

사카라의 마스타바(B.C. 3000~B.C. 2680경)
네체리케트왕의 계단 피라미드(B.C. 2665~B.C. 2645)

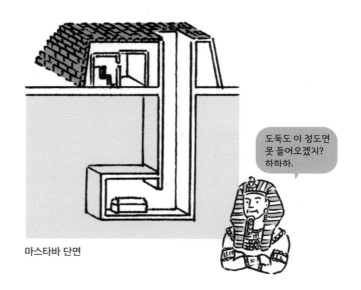

도둑도 이 정도면
못 들어오겠지?
하하하.

마스타바 단면

인류가 농경을 시작한 이래 메소포타미아에서는 여러 세력이 대립하면서 패권이 여기저기 옮겨 다니는 시대가 이어졌습니다.

한편 메소포타미아 문명에서 농경과 목축 기술 등의 문화를 받아들인 이집트 문명은 3000년 이상 존속합니다. 이집트 문명이 장수한 결정적인 원인은 압도적인 자연의 혜택이었습니다.

이집트 사람들은 나일강에 전적으로 의존하여 농사를 지었습니다. 물이 규칙적으로 불어나 비옥한 흙을 가져다주었기 때문입니다. 둑을

만들어 물을 저장하게 된 후로는
수확량이 더 안정되었습니다. 사람
들은 나일강과 보리농사를 중심으
로 사상과 생활을 형성했습니다.

기원전 4400년경 성립된 나카다
문화*의 묘를 보면 농경과 목축이
사회 계층을 만들고 확대하며 강화
한다는 사실을 알 수 있습니다.

1기에는 묘가 원형이나 타원형
이었지만 점차 묘 주변이 흙벽돌로
둘러싸이게 됩니다. 3기가 되면 움
엘카압에서처럼 묘 내부에 여러 개
의 방을 만듭니다. 묘 바닥에 가로
로 긴 방을 만든 사례도 있습니다.
또 빗, 머리핀, 팔찌, 인형, 빵, 맥주
등 부장품도 풍부해져 매장된 사람
의 신분을 드러냅니다.

67

✦ 나일강의 변화

① 하계: 수원이 동부 몬순 지대에
있으므로 유수량 증가.

불어난 나일강

② 11월경: 수위가 원래로 돌아간 뒤
물에 쓸려온 비옥한 흙이 넘침.

비옥한 흙   나일강

③ 동계: 보리류 파종(파종기와 자연
의 주기가 일치).

보리밭

대형 묘나 부장품을 동반한 묘의 주인은 대부분 지배층이었습니다.
나이나 성별이 묘의 규모와 아무런 관련이 없는 것을 보면 출생과 동시
에 지위가 결정되었다는 사실도 알 수 있습니다. 이런 묘를 조성하려면
많은 자재와 노동력이 필요했을 것입니다. 그래서 권력자들은 묘를 통
해 힘을 과시했을 게 틀림없습니다. 장례를 통해 고인의 신분이나 세계
관을 퍼뜨리고, 고인 주변의 사회 조직을 사람들에게 인식시킴으로써
사회적 지위를 유지하거나 강화했을 수도 있습니다.

● 1기: 기원전 4400~기원전 3500년, 2기: 기원전 3500~기원전 3200년, 3기:
기원전 3200~기원전 3000년.

이집트 문명의 묘 형태 변화

머리는 남쪽을, 얼굴은 서쪽을 향하게 하는 것이 원칙.

흙으로 만든 원형 묘

아비도스의 움 엘카압 묘

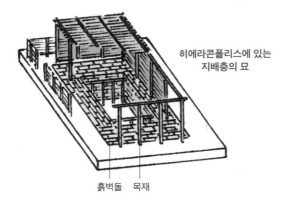

히에라콘폴리스에 있는 지배층의 묘

흙벽돌 목재

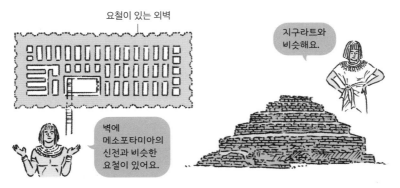

요철이 있는 외벽

벽에 메소포타미아의 신전과 비슷한 요철이 있어요.

지구라트와 비슷해요.

사카라의 마스타바
이집트 최초의 석조 건물.

네체리케트왕의 계단 피라미드

이집트 문명과 메소포타미아 문명의 자연조건 및 사상 비교

	이집트 문명: 나일강	메소포타미아 문명: 유프라테스강, 티그리스강
수질	염분 적음	염분 포함
유역의 지반	안정	불안정, 변동
물 불어나는 시기	농사 주기와 일치	농사 주기와 불일치
토양	비옥한 흙	서서히 염화
지세	계곡과 사막이 천연 성벽 역할	진입하기 쉬운 평야
신화	원시의 대양과 언덕, 하천의 혜택	홍수 전설, 하천의 위기

기원전 3100년경, 마침내 이집트가 통일되고 문자(이집트 상형문자)가 쓰이기 시작하면서 이집트 왕조 시대(초기 왕조 시대)의 막이 오릅니다.

이 시대에 묘가 '마스타바'로 진화한 것으로 보입니다.

마스타바란 흙벽돌이나 돌로 만들어진 직방체 구조물로, 지하의 시신 안치실과 창고, 그것들을 연결하는 수로와 계단으로 구성됩니다. 초기에는 돌로 실내를 완전히 메운 것이 많아서 내부가 호화롭다고는 할 수 없었습니다. 지하 쪽에 집중했으므로, 시신 매장을 끝내자마자 통로와 수로까지 돌로 봉쇄하여 출입을 막았기 때문입니다. 묘를 이렇게 철저하게 보호하는 모습에서 고대 이집트인의 사상을 엿볼 수 있습니다.

붉은 사막은 '죽음의 세계'이고 나일강의 비옥하고 검은 흙은 '생명의 세계'입니다. 이 대조적인 자연환경에서 고대 이집트인의 이원적 종교관이 생겨났을 것입니다. 이집트 사람들은 '죽은 뒤에도 낙원에서 삶을 이어가고 싶다'라는 강력한 바람으로 내세 신앙과 장례 관행을 점점 발달시켰습니다.

그리고 제3왕조 때는 왕권이 강화되어 중앙 집권 체제가 성립됩니다. 이 체제를 상징적으로 보여주는 것이 건축가 임호텝이 네체리케트

(조세르)왕을 위해 만든 계단 피라미드입니다.

　계단 피라미드는 마스타바를 층층이 쌓아 올린 듯한 모습으로, 메소포타미아의 제사 시설인 지구라트(6 참조)와도 비슷합니다. 즉, 피라미드는 서아시아 문화와 건축의 영향을 받아 마스타바에서 진화한 구조물입니다. 이것이 고대 이집트 왕조 시대를 대표하는 거대 분묘 '피라미드'의 시작입니다.

　이처럼 자연과 역사의 관계를 통해 건축과 사상이 탄생하는 순간을 엿보는 것은 참 재미있는 일입니다. 수천 년 이상 강대한 권력을 자랑한 이집트 왕조였지만 그 운명이 기후 변동에 계속 좌우되었다는 사실도 흥미롭습니다. 문명은 자연이 준 선물일 뿐입니다. 이집트 문명이든 메소포타미아 문명이든, 자연 자원을 지나치게 소진하고 나서 멸망했다는 것을 기억합시다.

✦ 고대 이집트인의 사상

- 해마다 규칙적으로 자연 현상이 반복되므로
  - → 사후 세계도 생전 세계와 같다고 믿음.
  - → 사후에도 몸이 있어서 먹고 마시고 일한다고 믿음.
- 인간은 몸과 바(Ba: 생명력), 카(Ka: 인격)로 이루어졌다고 여김.
  - → 죽으면 바와 카가 몸에서 빠져나간다.
  - → 진짜로 죽지 않으려면 바와 카가 밤에 몸으로 돌아가야 한다.
  - → 몸을 묘에 두어 보호한다(미라).
- 가족은 동쪽 문에 공물을 두어 망자가 굶주리지 않게 한다.
- 바와 카가 미라를 찾지 못할 때를 대비해서 작은 방에 망자의 상을 둔다.
- 벽에 그림을 그려두면 자손이 공물을 바치지 않아도 그림의 힘이 음식을 공급한다.

1400년간 유지된
아시리아 제국의 대궁전

님루드의 도시 재건(B.C. 9세기)

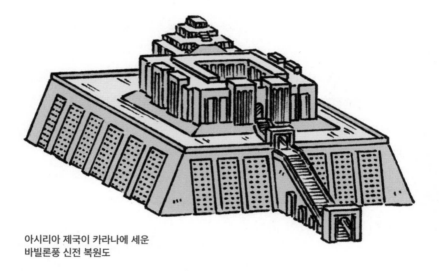

**아시리아 제국이 카라나에 세운
바빌론풍 신전 복원도**

여러 민족과 나라들이 흥망을 반복한 고대 오리엔트 세계의 한가운데에서 감탄할 만큼 장수한 나라가 나타납니다. 교역과 정복으로 부를 쌓아 기원전 2000년경부터 약 1400년간 존속한 대제국 아시리아˙입니다. 이 나라가 주변국과 항쟁을 이어나가며 강대한 제국을 존속시킨 비결은 '일관성'이었습니다.

˙ 제국이란 독자적 영토와 문화, 여러 민족을 지배하는 정치 질서, 유연한 국경, 문화적 다양성을 보유한 나라를 말한다. 따라서 이 책에서는 메소포타미아에서부터 시리아와 이집트까지 이르는 엄청난 영토를 확보하고 다양한 민족과 주변 나라를 통치한 아시리아를 '대제국'으로 칭했다.

아시리아는 티그리스강 중류 유역의 아수르에서 탄생했습니다. 아수르는 조금만 북쪽으로 가면 관개에 의존하지 않고 빗물만으로 농사를 지을 수 있는 땅이었습니다. 또 비옥한 초승달 지대의 중심이라 교역에도 매우 유리했습니다. 아수르의 토지가 신격화된 것도 자연환경과 지리의 우위성이 국력에 크게 작용했기 때문일 것입니다. '아수르'는 도시의 이름이자 땅의 이름, 신의 이름이었고 다른 나라의 위협을 받더라도 항상 제자리를 찾는 국가였습니다.

아시리아는 주변 세계를 정복했습니다. 기원전 701년에 예루살렘 남서쪽의 라키시를 공격하여 무너뜨리고 기원전 722년에 이스라엘 왕국을 멸망시켰으며 기원전 689년에 고대 도시 바빌론을 파괴했고 기원전 671년에는 이집트까지 정복했습니다. 또 확장 과정에서 다양한 문화와 건축을 받아들여, 새로 얻은 도시 카라나에 아시리아의 전통에 없는 바빌론 양식으로 신전을 세우기도 했습니다. 정복 과정에서 얻게 된 사상과 규범, 전통을 차용하는 편이 제국의 통치에 도움이 되었기 때문입니다. 교역 선진국인 아시리아에 온갖 기술과 정보, 물자가 계속 모여든 끝에 기원전 7세기에는 마침내 세계 최초의 대제국 '신(新)아시리아'가 탄생합니다.

아시리아가 이처럼 큰 세력을 형성할 수 있었던 이유로 철제 무기, 농기구, 공구의 보급, 짐 나르는 낙타의 등장, 그리고 기병의 활약을 들 수 있습니다. 적이나 반란

용맹하고 강력한 아시리아군을 선전하기 위해 만든 라키시 공략도

세력을 가차 없이 정벌하는 정책이나 약
탈, 군사 원정, 강제 이주 등의 수법도 제
국 통치에 효과적이었습니다.

기마의 강력함은
비길 데가 없지요!

아시리아의 기병 상상도

엄청난 규모의 '님루드 궁전'에 이처럼
전무후무한 번영을 누린 대제국 아시리
아의 모습이 잘 드러나 있습니다. 신아시
리아 시대(고, 중, 신의 세 부분으로 나뉨)의 궁
정 예술은 이 웅장한 궁전에서 화려한 시
작을 알렸습니다.

궁전의 주 출입구에 놓인 인면유익[1] 황소(또는 사자)상은 적이나 악령
등에게서 건물을 지키면서 천장과 벽을 지탱하는 중요한 역할을 합니
다. 내부에 기름으로 채색한 벽돌이 쓰였으므로 원래는 실내의 색채도
매우 풍부했을 것입니다. 하지만 무엇보다 눈길을 끄는 것은 조각들입
니다. 빨강, 검정, 흰색으로 채색된 부조 석판도 그림 두루마리를 펼친
듯이 실내의 벽면에 펼쳐져 있습니다.

신아시리아 시대 미술의 특징은 사실적인 부조에 정치적인 의도가
담겨 있다는 것입니다. 이런 그림으로는 군의 강력함을 나타내는 전투
도, 왕의 위대함을 드러내는 수렵도, 건축 자재 운송 등 공공사업을 표
현한 그림 등이 있습니다. 그림은 지배층의 이데올로기나 사실에 대한
해석을 시각적으로 전달하여 다양한 민족을 사상적으로 통치하는 데
도움이 되었을 것입니다.

화려한 님루드 도읍에서는 궁전의 완성을 축하하는 기념 연회가 열
렸습니다. '인류사상 가장 성대한 연회'로 불리는 이 행사에 대비하여,
궁전은 나무와 청동으로 공들여 만든 문, 다양한 목재로 만든 천장 장

73

님루드 궁전 상상도
전례 없는 규모.

궁전 입구의 황소상
얼굴은 사람이고 날개가 달렸음.

아수르 신들의 부조
신아시리아 제국의 정치 이데올로기를 시각적
으로 전달할 목적.

포도주를 마시는 연회 모습
여기에도 권력, 번영, 특권을 과시하려는 정치
적 의도가 드러남.

식재, 왕의 위업을 알리는 정교한 벽화로 장식되었습니다. 궁전 주변에 운하나 폭포와 함께 과수원, 채소밭이 조성되어서 온 도시에 건포도, 무화과, 포도 향기가 진동했다고 합니다.

연회는 무려 10일간 이어졌고 참가 인원도 약 7만 명을 헤아렸습니다. 특히 인상적인 것은 이전에 왕족, 귀족 등 일부 계층만 맛보았던 포도주를 모두에게 제공했다는 사실입니다. 이것은 대제국 아시리아가 엄청난 부와 권력을 장악했다는 증거로, 유적에 출토된 그림에도 그 모습이 정치적 의도에 맞게 분명히 그려져 있습니다.

하지만 이런 아시리아도 문무를 겸비한 것으로 유명한 아슈르바니팔왕(기원전 668~기원전 627년)이 사망한 후 급속히 쇠퇴합니다.

이 무렵부터 광대한 영토 여기저기서 반란이 일어나 군사비가 불어납니다. 식량 생산에 종사하지 않는 특권 계급을 부양하는 데에도 큰 비용을 들여야 했습니다. 따라서 민중에게 세금을 더 많이 징수하게 된 데다가 기후 변동으로 기아, 질병이 빈발하자 사회 균형이 무너져 붕괴가 시작된 것입니다.

대제국 아시리아의 흥망을 살펴보면 강대한 제국일수록 유지하기는 어렵다는 인류사의 원리를 새삼 깨닫게 됩니다.

---

1   人面有翼. 얼굴은 사람이고 날개가 달림.

페르세폴리스 왕궁(B.C. 6세기~B.C. 4세기)

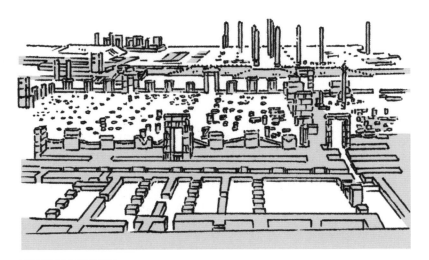

페르세폴리스 왕궁 유적

문명이 탄생한 메소포타미아와 이집트를 제외한 오리엔트 세계에는 큰 강이 없었으므로 대규모 관개가 이뤄지지 않았습니다. 그러나 이란 고원에 살던 사람들이 빗물과 지하수, 안개 등을 활용해 국지적 농업을 실현하고 목축, 유목, 교역, 군사적 정복 등을 통해 하나의 문화를 형성 했습니다.

이란고원에는 기원전 7000년 무렵부터 사람이 살았던 듯합니다. 문자가 없어서 반농반목으로 생활했다고 짐작할 뿐이지만, 기원전

2000년경에 인도·유럽 어계*의 이란인들이 여기로 이주하여 정착했다고 합니다. 페르시아 제국을 파악하는 데에는 유목민이었던 그들의 세계관과 사상이 매우 중요합니다.

이란고원의 초원은
유목에 적합한 자연환경

생활은 개인보다 가족 위주로 이루어졌으므로 그 중심인 가장의 힘이 매우 강했습니다. 집 한가운데의 아궁이 불은 절대 사그라지지 않는 가장 권위의 상징이었으므로 그 불을 유지하는 일이 매우 중요했습니다. 이것은 당시 사람들의 세계관과도 관련이 있습니다. 세계가 생겨날 때부터 있었던 하늘과 물에서 대지가 분리되었고 동물과 식물, 인간이 태어났으며 불이 생명체에게 생명력, 활동력을 불어넣었다는 것입니다.

그런데 기원전 12세기 무렵, 제철 기술로 유명한 히타이트 왕국과 지중해 전역을 주름잡던 그리스 미케네의 왕국들, 메소포타미아 동쪽 자그로스 산악 지대에 기반한 카시트 왕조 등이 거의 동시에 멸망합니다. 일명 '카타스트로피(파국)'로 불리는 사태입니다. 게다가 철기와 기마를 활용하는 군대가 등장하는 등 사회가 크게 변화했으므로 이란고원의 사람들도 세계관을 바꿀 필요가 있었습니다. 그 역할을 맡은 것이 이 무렵 자라투스트라가 창시한 조로아스터교였습니다.

조로아스터교는 구세주의 도래, 사후 심판 등의 교의를 처음으로 제창하여 이후 세계 종교사에 큰 영향을 끼친 종교입니다. 그 사제들이 성소 제단의 불을 꺼트리지 않고 관리했던 것을 보면 유목민 세계관의 영향을 받은 듯합니다.

---

* 이때에 현재의 유럽 대부분, 중앙아시아 일부, 인도반도와 이란에 살던 사람들이 쓰던 다양한 언어. 그 언어들을 통틀어 '인도·유럽 어족'이라 한다.

창시자 자라투스트라
(조로아스터)의 상상도

'불'은 조로아스터교의
신성한 요소

황금 판에 그려진
마구스(사제)
조로아스터교 확산에
공헌했다.

한편 이 무렵 이란고원에 있는 메디아라는 나라의 키루스 2세(키루스 대왕)가 압도적으로 불리한 형세를 뒤집고 승리하여 페르시아 제국을 건립합니다. 키루스 대왕은 기세를 몰아 리디아를 정복하고 바빌론에도 무혈입성했습니다. 오리엔트 세계를 처음으로 통일하여 사상 최초의 세계 제국*을 구축한 것입니다.

후대의 다리우스 1세(다리우스 대왕)는 중앙 집권 체제를 확립합니다. 새로운 체제를 성공적으로 안정시킬 수 있었던 것은 통치 시스템, 시스템의 원활한 작동에 필요한 인프라, 국민을 통합할 사상으로서의 종교라는 3요소가 갖춰졌기 때문입니다.

페르시아는 통치 시스템에 따라 전국을 20개 지역으로 분할했고 각 지역에 사트라프(지사)를 파견했습니다. 궁정에도 관료 제도를 도입하여 법관, 재무관, 징세관 등을 배치함으로써 중앙 집권 체제를 지탱했습니다.

광대한 제국에서 중앙 집권 체제를 실현하는 데 꼭 필요했던 것이 또 하나 있습니다. 인프라 중 가장 중요한 것, 즉 '왕의 길'로 불린 도로망입니다. 판석이 깔려 있어서 마차가 빨리 달릴 수 있었던

78

● 앞서 언급한 신아시리아 제국과 아케메네스 왕조 페르시아 제국은 둘 다 종종 '사상 최초의 세계 제국'으로 불린다. 그러나 신아시리아 제국은 유럽과 아나톨리아 대부분을 통치하지 못했으며 이집트도 실효 지배하지 못했다. 이에 비해 아케메네스 왕조 페르시아 제국은 문명의 요람인 아시아뿐만 아니라 아프리카, 유럽까지 실제로 지배했다. 따라서 이 책에서는 아케메네스 왕조 페르시아 제국만을 '사상 최초의 세계 제국'으로 칭했다.

아케메네스 왕조 페르시아 제국의 최대 범위
페르시아 제국의 동쪽, 북쪽, 서쪽에는 산맥이 있고 남쪽에는 바다가 있는데, 동서 교역의 주요 경로가 이곳들을 통과한다.

키루스 대왕의 묘
기원전 6세기 후반. 석조 맞배 지붕으로 장식이 없음.

이 길은 군대의 이동과 신속한 정보 전달에 절대적인 위력을 발휘했습니다.

통치 사상 중에서 특히 주목할 것은 '관용'과 '유연함'입니다. 이것은 새로 등장한 데다 소수파에 속했던 페르시아인이 긴 역사와 성숙한 문명, 압도적인 인구를 보유한 오리엔트 세계를 지배하는 데 불가결한 사상이었습니다. 그뿐만 아니라 다리우스 1세가 믿었던 조로아스터교도 사람들에게 새로운 세계관을 부여하는 데 큰 역할을 합니다.

이 대제국의 부와 권력, 타민족의 문화를 흡수하는 태도를 상징하는 건물이 바로 페르세폴리스 왕궁입니다.

일단 거대한 규모에서 제국의 부를 확인할 수 있습니다. 돌을 잘라 쌓아 올린 대형 기단은 긴 변이 455미터, 짧은 변이 300미터에 이릅니다. 그리고 이 기단 위에 궁전이 차례차례 지어집니다.

타민족의 문화와 기술을 적극적으로 흡수한 흔적도 뚜렷이 드러납니다. 아시리아에서 본 인면유익 황소상을 왕궁 문 앞에 두었고, 궁전

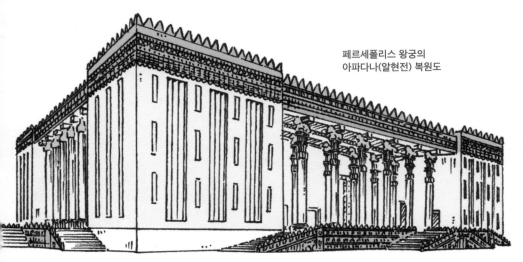

페르세폴리스 왕궁의
아파다나(알현전) 복원도

여기저기 그려진 다리우스 1세

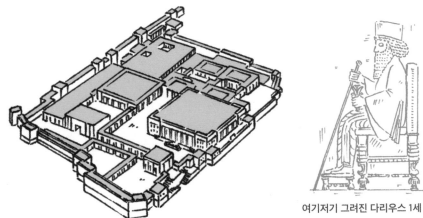

페르세폴리스 왕궁 복원도
용도가 밝혀지지 않은 유물도 많다.

헌납할 공물을 들고 알현 장소로
이동하는 각국 사람들

과 신전을 흙벽돌이나 구운 벽돌로 만든 이전과는 달리 돌을 부분적으로 활용했습니다. 아마 아나톨리아(소아시아)의 이오니아, 이집트 등의 석조 건물에서 영향을 받았을 것입니다.

그리스 신전[•]을 떠올리게 하는 열주 공간도 주목할 만합니다. 메소포타미아 건축에는 원래 이런 열주가 없었지만, 페르시아인이 유목민이었으므로 텐트의 지주를 연상시키는 열주에 애착을 느꼈을지도 모르겠습니다. 이들은 고지대인 메디아 에크바타나에서 여름을 나고 저지대인 바빌론에서 겨울을 나는 유목 생활을 계속하고 있었습니다.

아시리아와 마찬가지로, 부조에서는 강한 정치적 의도가 엿보입니다. 왕이 여기저기에 커다랗게 그려져 있으며, 온갖 민족이 왕에게 특산품을 헌납하러 나아오고 있습니다. 이 부조를 통해 왕의 권력이 얼마나 컸는지 짐작할 수 있습니다.

유목민의 특징을 유지하면서 오리엔트 세계의 건축 등 기술을 흡수, 융합하여 지은 페르세폴리스 왕궁은 페르시아 대제국을 대변하는 건물로 손색이 없습니다. 페르시아가 자신의 문화를 지나치게 고집하지 않고 좋다고 판단되면 무엇이든 받아들인 덕분에 이처럼 문화 예술의 집대성을 이룰 수 있었습니다.

고대 오리엔트 세계의 통일에 조로아스터교가 활용된 이유도 짚고 넘어가려 합니다.

인지 혁명 후 인류는 자연 현상과 자연 자체(동물, 식물, 인간 포함)를 기도의 대상으로 삼았습니다. 또 자연의 영을 노하게 한 벌로 악천후, 전염병, 굶주림이 발생했다고 믿어 제례를 통해 그 분노를 가라앉히려 했습니다. 이것을 애니미즘 또는 샤머니즘이라 합니다.

• 페르시아 문화와 그리스 문화가 융합하여 만들어진 헬레니즘 문화가 다리우스 1세 때 본격적으로 유행했다.

이웃 나라 엘람의
영향으로 만들어진 듯한
그리폰[1] 조각

농경 사회가 된 후로 조상을 숭배하는 경향이
강해졌습니다. 계급과 격차가 발생하자 지배층
이 기득권 유지에 편리한 조상 숭배와 세습을 사
회 시스템으로 선택했기 때문입니다. 새로운 생
명을 낳는 대지의 신, 풍요를 가져오는 태양의
신에게 복을 비는 경향도 강해졌습니다.

이후 국가가 성립되자 사람들은 대지와 태양
의 신에게 인격을 부여하고 자신들의 신앙을 체
계화했습니다. 이렇게 오리엔트 세계는 다신교 세계가 되었습니다. 국
가는 종교를 활용하여 많은 사람을 하나로 통합하고 강한 유대감을 심
어주었습니다. 지배자와 사제들은 자신이 신과 이어져 있다고 선전하
고 자신의 정당성을 호소하는 방식으로 종교를 통치에 활용했습니다.

그런데 이처럼 중요한 초자연적 힘을 부정한 종교가 조로아스터교
였습니다. 그 교의에는 두 가지 큰 특징이 있는데, 그중 첫째가 우주를
선과 악이라는 두 대립 요인의 싸움으로 이해하는 역동적인 세계관입
니다. 둘째는 선을 행하게 하는 윤리를 인간의 의무로 중시하는 사고방
식입니다. 즉 조로아스터교는 복잡해지고 거대해지는 사회에서 본질적
인 의미를 찾으려 한 보편 종교였습니다.

이리하여 자연과 한 몸이었던 신들이 기원전 1000년경 이후 보편 종
교의 신으로 변해갑니다. 그 결과 아시아에서 탄생한 불교와 유교, 힌두
교, 이슬람교가 국가의 새로운 추진력으로 활약하기 시작합니다.

---

1   Gryphon. 신화에 나오는 괴물. 머리와 날개는 독수리, 몸은 사자이고 등에는
    깃털이 나 있다.

13	외딴 섬에 만들어진 거대 석상의 수수께끼	이스터섬 엘니뇨 거석문화
	모아이 석상	

거석문화는 건설과 운반에 관한 수수께끼로 가득해!

삼림 벌채로 황폐해진 이스터섬

1722년 부활절(이스터 데이)에 유럽인이 발견한 이스터섬은 세계에서 제일 외진 섬입니다. 칠레까지 약 3600킬로미터, 사람이 거주하는 섬까지도 약 2100킬로미터나 떨어져 있기 때문입니다. 대기와 해류도 이스터섬에 아무도 못 가게 하려는 것처럼 흐르고 있어서 발견 당시 대형 선박 세 척을 몰고 간 유럽인들조차 항해하는 데 17일이나 걸렸다고 합니다. 그래서 주민들의 조상이 섬에 어떻게 도착했는지부터 불가사의였습니다. 주민들의 배는 커봤자 3미터짜리여서 먼 바다를 항해하는

항해의 천재, 폴리네시아인의
아우트리거¹ 카누

인도와 아프리카까지
큰 영향을 미쳐요!

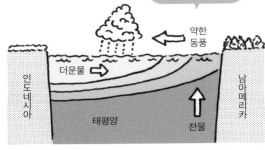

엘니뇨 발생 시 태평양 적도 주변의 기후

것이 애초에 불가능해 보였습니다.

　또 섬 여기저기 흩어져 있는 거상 '모아이'의 존재도 온통 의문투성이였습니다. 섬에는 삼림이 없어서 모아이 건설과 운반에 쓰였을 목재도, 밧줄 재료도 찾을 수 없었기 때문입니다. 섬은 모래섬처럼 황폐한 상태였고 가축이라곤 오직 닭뿐이었습니다.

　이들의 조상은 어떻게 여기에 와서 거석문화를 구축할 만큼 복잡한 사회를 이룩했을까요?

　최근의 다양한 연구로 밝혀진 바에 따르면 이스터섬에 도달한 사람들은 아시아에서 기원한 폴리네시아인°이었습니다. 당시 주민들이 폴리네시아계°° 언어와 전형적인 폴리네시아식 도구를 사용했고, 섬의 작물과 닭의 원산지도 동남아시아였습니다. 주민들의 뼈나 DNA에서도 폴리네시아인과의 관련성이 확인되었습니다.

　바다에서 나고 자라 항해가 특기인 폴리네시아인에게도 이스터섬

　●　폴리네시아란 남쪽으로는 뉴질랜드, 북쪽으로는 하와이, 동쪽으로는 이스터섬에 이르는 넓은 해역의 섬들을 가리킨다. 동남아시아에 살던 이 사람들은 기원전 1400년경부터 200년경 사이에 배를 타고 새로운 땅을 찾아다니며 사람이 살 수 있는 모든 섬에 도달했다.
　●●　오스트로네시아 어족. 세계에서 가장 큰 어족이다.

상륙은 불가능에 가까웠을 것입니다. 장거리인 데다 해류도 동쪽에서 서쪽으로 흐르고 강풍도 불었기 때문입니다. 구전 설화나 연구 결과에 따르면, 그런데도 이들이 이스터섬에 도착한 것은 엘니뇨 현상 덕분인 듯합니다.

엘니뇨는 태평양 동부 열대 수역의 해수면 수온이 상승할 때 일어나는 현상입니다. 수온이 상승하면 공기가 데워져 기압이 낮아지는데, 고기압에서 저기압으로 흐르는 공기의 특성 때문에 바람이 약해지고 그 영향으로 해류도 약해지는 것입니다. 이스터섬의 개척자들이 그 귀한 기회를 놓치지 않았던 것이죠.

그 결과 이스터섬에는 유명한 모아이로 이루어진 독특한 거석문화[*]가 실현됩니다.

꽃가루를 연구한 결과, 놀랍게도 이스터섬은 원래 삼림이 풍부한 곳

거대 기념물 모아이의 건설 장면 상상도

● 거석문화는 수마트라섬, 술라웨시섬 등 동남아시아에 선사 시대부터 존재했다. 모아이 건설도 그 맥락에서 이해할 수 있다.

◆ 마나바이

마나바이로 토양 유출을 막을 수 있어!

바람으로부터 곡물을 보호하는 돌담

이었다고 합니다. 그러므로 새로운 이주자들은 농경과 조류 사냥으로 순조로운 생활을 시작했을 것입니다. 그러다 인구가 늘어나자 섬의 땅을 약 열두 덩어리로 구분하여 각 씨족에게 영지로 배분했습니다. 씨족의 수장들은 제각각의 모아이를 갖고 있었는데, 신분 높은 조상을 기념하기 위해 점점 더 큰 모아이를 앞다투어 건설하게 됩니다. 지배층이 대형 구조물을 활용하여 부와 권력을 과시하고 공동체를 결속하려 드는 것은 세계 공통의 현상인 듯합니다.

그러나 이스터섬의 자연환경은 이 거상의 건설을 계속 감당할 수 없었습니다. 거상을 세우거나 생활에 사용하기 위한 삼림 벌채가 점점 심해져, 1400년경 이후로는 야자가 없어져 섬유를 생산하지 못했으므로 어망을 만들 수 없었습니다. 목재가 없어 배를 만들지 못했으므로 섬을 떠나는 것도 어려워졌습니다. 숲이 사라지자 비와 바람으로 토양 침식이 심각해졌고 농업 생산성이 계속 저하되었습니다. 마구 잡아먹은 탓에 육지의 조류도 전부 멸종했습니다. 갑각류는 큰 것부터 잡아먹었으므로 크기가 점점 작아졌습니다.

1600년 이후가 되자 모아이를 똑바로 세우지도 못하게 됐지만, 그 크기는 오히려 커졌습니다. 사람들이 생활 재료, 야생 식량, 작물 생산량 감소라는 명확한 위기 앞에서 조상에게 더 절실히 기도했던 것입니다. 이 필사적인 마음과 노력이 무색하게 환경은 계속 척박해졌고 자원은 회복되지 않아 섬 전체가 결국 문명 붕괴를 맞습니다. 삼림 자원을 지속 가능한 방식으로 활용하지 못했던 것이 멸망의 결정적인 원인입니다.

우리 인류는 이런 과거에서 교훈을 얻어 자연과 조화하는 미래를 만들어야 합니다. 이스터섬의 모아이라는 거대 기념물이 오히려 우리에게 그 길을 밝게 비춰줄지도 모르겠군요.

---

1   몸체 바깥쪽에 노가 달린 배.

2부

다양성을 끌어안은
인도 문명의 건축물

인도 문명

다양성을 통일하지 않고 힌두교로 끌어안아버린 세계, 그것이 인도입니다.

북쪽으로 히말라야산맥, 술라이만산맥, 아라칸산맥이 솟아 있고 남쪽으로는 인도양이 펼쳐져 있으며, 동쪽으로는 벵골만, 서쪽으로는 아라비아만이 있는 초승달 모양의 땅을 인도 아대륙[1]이라 부릅니다.

현재의 파키스탄, 방글라데시까지 포함하는 넓은 면적을 차지하는 만큼 기후도 다양합니다. 북부의 히말라야 지역은 한랭하고 남부는 열대 지역, 건조 지역, 몬순의 영향을 받는 지역으로 나뉩니다. 아대륙 중앙에 위치하여 남부와 북부를 나누는 빈디아산맥을 비롯해 동고츠산맥, 서고츠산맥 등의 산맥과 인더스강과 갠지스강 등 하천도 있습니다.

이처럼 다양한 기후 풍토와 지리적 특성이 사람의 왕래를 막는 장벽이 되었으므로, 인도에는 지역마다 다채로운 언어와 풍속이 생겨났습니다. 그래서 지금도 공용어가 22종, 전체 언어가 수백 종이 넘습니다. 덕분에 인도는 아시아 어느 지역과도 전혀 다른 독특한 세계를 만들어낼 수 있었습니다.

이제 인도 세계의 사상을 역사의 흐름과 함께 간단히 살펴봅시다.

기원전 2500년경 드라비다족[2]이 인도의 기원인 인더스 문명을 일으켰는데, 소를 신성시하는 사상이 이때부터 있었습니다. 그러나 기원전 1800년경에 지구가 한랭화하자 이 문명은 쇠퇴하기 시작했고 북서쪽에 살던 아리아인이 몰려옵니다. 아리아인은 바르나[3]로 선주민을 차별하고 신에게 바치는 찬가 《리그베다》를 편찬합니다. 이들의 문화가 브라만교와 힌두교로 이어집니다.

기원전 500년경 브라만교를 비판하며 불교와 자이나교가 대두합니다. 인도 대부분을 지배한 인도 최초의 통일 왕조 '마우리아 왕조'가 불교를 신봉했습니다. 이후 등장한 사타바하나 왕조와 쿠샨 왕조는 로마 및 중국과의 교역으로 번영합니다. 이때 불교가 크게 융성하였으므로 이 시대에 만들어진 석굴 사원의 약 75퍼센트가 불교 사찰이었습니다.

한편 5세기 굽타 왕조 때는 브라만교가 힌두교로 변모하며 세력을 강화합니다. 굽타 왕조 멸망 후 북인도가 약 300년간 분열한 틈을 타 이슬람 세력이 침입합니다. 그 결과 10세기 이후 북인도에서는 이슬람 왕조가 우세해집니다. 타지마할을 조성한 것으로 잘 알려진 무굴 왕조는 인도를 무려 300년간 이슬람으로 지배했습니다.

인도의 왕조는 북부의 이슬람 세력과 대치하면서 남부를 통치했습니다. 그러나 결국은 인도 전역이 영국의 식민지가 되고 맙니다.

인도 역사에서 특별히 기억할 것은 인도가 매우 광대하여 기후와 풍토, 민족과 언어가 다양했던 탓에 통일이 어려웠다는 사실입니다. 그래서 어떤 시대든 개성 넘치는 왕조가 각각의 지역에서 각각의 문화를 꽃피웠습니다. 이런 인도 세계에서 최종적으로 살아남은 사상은 힌두교뿐입니다(현재 인도인의 종교 비율은 힌두교가 약 80퍼센트, 이슬람교가 약 14퍼센트).

인도의 불교는 힌두교에 눌리고 이슬람교에 치여 13세기 이후 거의 사라졌습니다. 그러나 불교 자체는 동남아시아와 중국, 한국, 일본까지 전해졌고 이와 함께 인도 문화도 광범위하게 전파됩니다.

그러면 다채롭고 유쾌하고 화려한 인도 세계의 건축과 역사를 살펴봅시다.

---

1 대륙만큼 큰 땅덩어리.
2 남인도에 살던 고대 부족. 북인도의 아리아족과 함께 인도 문화 형성에 핵심적인 역할을 했다.
3 '카스트'의 인도식 이름.

아스팔트로 마감한
4000년 전의 목욕탕

모헨조다로 유적(B.C. 2300~B.C. 2000)

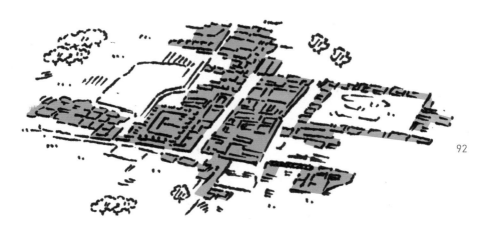

모헨조다로 유적 조감도
성벽 안쪽 마을

인도 건축의 기원은 인더스 문명*에 있습니다.

인더스강 유역에서는 기원전 6000년경부터 농경과 목축이 시작되었고, 기원전 3000년경에 대규모 취락이 만들어졌습니다. 기원전 2500년 무렵에는 취락이 도시로 발전하면서 인더스 문명이 시작됩니다.

인더스 문명은 메소포타미아 문명과 마찬가지로 여름이 덥고 강수량이 적은 반건조 지대에 있었으므로 농사에 관개를 이용해야 했습니다. 접근하기 쉬운 지형이어서 여러 민족의 침략을 받았고 집의 출입구

●   최초로 발견된 유적의 이름을 따서 '하라파 문명'으로도 불린다.

가 큰길 쪽이 아닌 뒤쪽 샛길로 나 있었으며 큰 강의 범람에 대비해 인공적으로 지반을 높였던 것도 메소포타미아 문명과 비슷합니다.

그러나 인더스 문명의 범위는 동서로 1500킬로미터, 남북으로 1100킬로미터로 메소포타미아 문명이나 이집트 문명, 황하(중국) 문명보다 훨씬 넓었습니다. 타 문명과는 달리 종교 건물이나 왕궁, 묘와 사당 유적이 없다는 것도 흥미로운데, 강대한 왕이나 권력자가 없었다는 증거입니다. 한편 위생 의식은 높아서 일반 주택도 구운 벽돌*로 지어졌고 대부분의 집에 우물과 욕실, 배수구가 갖춰져 있었습니다.

그러면 인더스 문명이 남긴 유적 중 가장 유명한 모헨조다로를 살펴보겠습니다.

잘 구운 벽돌로 포장한 큰길은 폭이 약 10미터나 되고 길가에는 수로가 설치되어 있었습니다. 거의 모든 주택에 욕실이 있고, 구운 벽돌로 만든 욕실 바닥에는 아스팔트 방수 가공까지 되어 있었습니다. 급수와 배수 설비도 있었는데, 생활 하수를 샛길의 배수구를 거쳐 큰길의 배수구까지 흘려보내게 되어 있었으니 정말 놀라운 위생 의식입니다.

공공건물이 집중된 성벽 안쪽은 흙벽돌로 만든 인공 지반으로 토대를 높여놓았습니다. 그 안에 곡물 창고, 집회장, 멋진 대목욕탕도 있습니다. 대목욕탕 역시 구운 벽돌로 만들었고 아스팔트로 방수 처리하여 물이 새지 않도록 했는데, 주위 유적으로 미루어볼 때 종교적 목적의 목욕이나 의례에 쓰였을 듯합니다.

인도는 짧은 우기에 비가 집중되고 건기가 길어서 물이 귀합니다. 그래서 뒤에 말할 가트[1] 등 대부분의 힌두교 성지가 바다와 강, 호수 등 물가에 있습니다. '티르타(성지)'도 원래 강의 얕은 여울이나 나루터를

• 구운 벽돌은 흙벽돌보다 만들기 어려워서 권력이나 종교에 관련된 특별한 건물에 주로 쓰였다.

모헨조다로의 대목욕탕

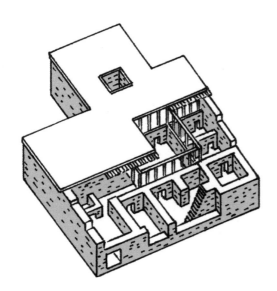

주택 복원 투시도
외벽에 창이 없다.

샛길

배수구

모헨조다로의 샛길과 배수구

**황소 등
신성한 동물과
인더스 문자가
새겨진 인장**

**고행자가
새겨진 인장**

기원전 2500년~
기원전 1600년.
요가 자세를 취한
이 사람의 모습이
힌두교 시바 신의
원형이 되었다.

**사제 또는
권력자의 상**

기원전 2500년~
기원전 1600년.
메소포타미아 왕의
모습과 유사한 데다
의복 무늬로 서양과
관련된 인물임을
짐작할 수 있다.

무희 상

기원전 2100년~
기원전 1750년.
당시 사람들의 낙이
노래와 춤이었음을
알 수 있다.

가리키는 말이지만 '괴로운 이승에서 즐거운 저승으로 건너가는 나루'
라는 뜻으로 쓰이게 되었습니다. 이처럼, 인더스 문명의 대목욕탕에서
초기 인도 세계의 물과 종교의 관계성을 엿볼 수 있습니다.

유적에서 발굴된 많은 출토품에는 황소 숭배, 나무 신 숭배, 대지모
신(땅의 신) 숭배, 링가(남근) 숭배 사상이 드러나 있습니다. 그리고 이 원
시 힌두교는 다음 시대까지 이어집니다.

인더스강 유역의 도시 문명은 농촌의 든든한 뒷받침, 메소포타미아
와의 교역에서 활약한 상인과 기술자들 덕분에 크게 번영할 수 있었습
니다. 하지만 인더스 문명은 메소포타미아나 이집트, 황하 문명에 비해
빈약해 보일 정도로 겸손한 느낌입니다. 왜일까요?

농업 경작 기술이 원시적인 데다 기후와 풍토의 영향도 커서 잉여 식
량이 많이 생산되지 않았기 때문입니다. 이렇게 생산성이 낮으면 식량
을 직접 생산하지 않아도 되는 특권 계급이 생기지 않고 왕권도 강해지

지 않아서 건축이나 미술에 힘쓰기가 어렵습니다. 그래서인지 인더스 문명은 기원전 1800년경부터 쇠퇴합니다. 이 무렵에 기후가 한랭화·건조화한 것도 큰 요인이었을 것입니다.

결국 인더스 문명은 도시와 함께 소멸하고 맙니다. 권력의 변천으로 도시가 사라진 후에도 문명을 후세에 계승한 메소포타미아, 이집트, 황하 문명과는 전혀 다른 결말입니다.

인더스 문명 멸망 후인 기원전 1500년경, 인도·유럽 어족인 아리아인이 중앙아시아에서 인더스강 유역으로 유입됩니다. 이후 역사는 아리아인의 신에 대한 찬가를 엮은 《리그베다》('리그'는 찬가, '베다'는 신성한 지식을 뜻함)에 잘 나와 있습니다.

✦ **《리그베다》가 영향을 미친 사상과 종교**

• 언어 또는 만물의 법칙을 추구 → 인도 철학
• 기도문을 통해 재앙을 물리치고 복을 끌어들이려 함 → 인도 불교에서 기원한 밀교
• 공물을 태우는 호마 → 진언밀교의 호마 의식

《리그베다》의 인드라 신
불교 세계의 수호자인 제석천의 기원

《리그베다》의 야마 신
지옥을 지배하는 염라대왕의 기원

그런데 이 책에 자연을 신격화한 많은 신들에게 바치는 찬가를 모아놓았다는 사실이 매우 중요합니다. 아리아인의 '베다'란 곧 다신교이며 그 신들에게 올릴 제사를 집행하는 사람이 나중에 힌두교의 전신인 브라만교를 이끌어갈 브라만(사제)이기 때문입니다. 또 《리그베다》에 언급된 신들과 사상들은 이후 힌두교, 불교 등 다양한 종교와 철학의 기원이 되었습니다.

이후 아리아인은 인더스 문명 쇠퇴 후 인더스강 유역에 남아 있던 선주민들을 서서히 지배하기 시작합니다. 다만 이 일에 오랜 시간이 걸린 것은 가혹한 자연이 만들어낸 감염증* 때문이었습니다. 선주민들은 몇 세대에 걸쳐 열대 특유의 질병과 기생충에 노출되어 있었으므로 면역력이 있었지만 아리아인은 그렇지 않았던 것입니다. 병원체가 만연하는 혹독한 환경이 장벽이 되어 문명사회의 침략을 거부하고 선주민을 보호한 셈입니다.

아리아인들은 선주민을 '피부 검은 자'로 불렀습니다. 피부색, 즉 바르나**로 지배자와 피지배자를 구분한 것입니다. 이것이 오늘날까지 이어지는 카스트 제도를 낳았습니다. 그러나 두 민족은 지배와 피지배 관계, 적대적 관계인 동시에 문화를 교류하는 우호적 관계이기도 했으므로 융합하는 면도 보였습니다.

아리아인은 결국 브라만교 경전이 편찬되는 후기 베다 시대(기원전 1000년~기원전 600년)가 되어서야 갠지스강 유역까지 진출합니다. 수백 년에 걸쳐 유전적 면역력을 얻은 것입니다.

● 인도에서는 말라리아, 콜레라가 흔하다. 특정 지역에 주로 나타나는 감염증은 '풍토병'이라고도 불린다.
●● 바르나는 '색'을 뜻하는 말로, 이후에도 신분과 계급을 나타낼 때 계속 쓰였다. '카스트'는 영어 또는 포르투갈어로 해외에서 쓰는 말이고, 인도에서는 지금도 신분 제도를 '바르나'라고 한다.

기원전 800년경에 철기 보급이 시작되자 인더스강 유역의 사람들은 농업 기술 향상으로 잉여 식량을 충분히 확보하게 되었습니다. 그러자 생산에 종사하지 않는 사제, 왕후, 무사 등 계급이 생겨나고 4 바르나 제도가 정해집니다. 그리고 후기 베다 시대 막바지에 네 가지 서열 밑에 불가촉천민인 찬달라가 추가됩니다. 불가촉천민이 생기자 평민인 바이샤와 수드라가 일종의 우월감을 느껴 지배층과의 긴장 관계가 완화되는 효과가 발생했습니다. 바르나는 사회를 안정적으로 유지하는데 꼭 필요한 요소가 되어 인도 대륙 전역으로 확대됩니다.

이처럼 다양한 자연환경에서 발생한 인도의 사상과 건축과 종교가 인더스 문명을 공통의 기원으로 삼아 발전해 나갑니다.

98

결과적으로는 강력한 감염증이 선주민과 문명사회의 세력을 균형 있게 유지했기 때문에 바르나 사상이 탄생한 셈입니다. 이후 농경 사회가 성립되고 여러 나라가 땅을 나누어 가지는 시대가 시작되자 제사와 의식을 통해 자연에 복을 빌고 왕에게 권력을 부여하는 브라만의 지위가 더 높아집니다.

◆ **고대의 4 바르나 계급**

① **브라만:** 사제, 지배층

② **크샤트리아:** 권력자, 지배층

③ **바이샤:** 평민(생산과 공납)

④ **수드라:** 선주민, 하급 노동자(수예 및 예능)

- -

(후기 베다 막바지에 추가된 계급)

⑤ **찬달라(불가촉천민):** 아리아족 외부의 수렵·채집민 또는 배설, 피, 죽음에 관한 일을 하는 사람. 청소, 체벌 집행, 신체 처리에 관한 일을 하는 사람

---

1   Ghat. 강가의 층계.

15	아소카왕 시대에 만든 가장 오래된 스투파	

산치 제1스투파(B.C. 3세기~B.C. 1세기)

〈라마야나〉의 전투 장면
인도의 2대 서사시이자 힌두교의 중요한 경전.

기원전 500년경, 인도 아대륙에서는 16대국°으로 불리는 나라들이 영토 및 지배력을 둘러싼 전쟁을 거듭하고 있었습니다. 왕에게 권력을 부여하는 의식을 집행하는 브라만은 자신의 지위를 강화하려고 노력한 결과 브라만 바르나를 확립합니다.

한편 이 무렵 지구가 온난해지기 시작하여 먹을거리가 늘어나고 문화가 풍성해졌습니다. 생활과 마음에 여유가 생기니 사람들이 학문과

● 불교 전성기(기원전 600년~기원전 320년경)가 시작될 무렵 북인도를 나눠 점유했던 나라들을 말한다. 그중 제일 컸던 나라는 코살라다. 인도의 대서사시 〈라마야나〉의 주인공이 코살라의 왕자 라마였고, 부처가 태어난 작은 나라도 코살라의 속국이었다.

✦ 브라만 바르나는

① 제사를 복잡하게 만들어 독점했다.

② 엄격한 혼인 규칙을 정해 배타적인 족내혼 집단을 형성하고 사제 신분을 세습시켰다.

③ 높은 신분을 차지하기 위해 자신들이 인간과 신의 중개자이자 아리아인의 피를 잇는 고결한 존재라고 주장했다. 그 영향으로 나중에 바르나 제도가 생긴다.

④ 제례를 장려하고 베다 교육을 의무화했으며 일상 의례에 브라만을 개입시킴으로써 자신들의 생계를 유지할 수단과 기회를 늘렸다.

철학에 관심을 기울이기 시작했습니다. 그 결과 그리스에서는 그리스 철학이 발달했고 중국에서는 제자백가(34 참고)가 등장했으며 인도에서는 우파니샤드 철학이 유행합니다. '우파니샤드'란 브라만 일부와 크샤트리아 계급이 브라만의 제사 만능주의와 형식주의를 비판하는 사상을 베다 문헌으로 정리하여 내놓은 것을 말합니다.

그중에서도 중요한 사상이 인도인들의 생사관의 근본이 될 업보, 윤회 사상입니다.

인도의 기후는 우기와 건기가 확실히 나뉘어 있어서 건기에 말라붙었던 대지가 우기에 소생하는 일이 매해 반복됩니다. 생명의 순환을 눈으로 확인할 수 있는 환경에서 업보와 윤회 사상이 싹튼 것입니다. 나중에는 이 사상을 계승하면서 브라만교에 대항하는 종교인 불교와 자이나교가 탄생합니다.

불교의 창시자인 싯다르타(석가)는 석가족이 히말라야 산기슭에 세운 작은 나라에서 왕자로 태어났습니다. 문무를 고루 갖추어 늠름하게 성장하지만, 점차 돈이나 지위, 명예로는 해결할 수 없는 생로병사 등의 문제로 번뇌하게 되자 출가하여 진리를 깨우치기로 결심합니다. 그래서 인도의 여러 나라를 떠돌며 좌선과 고행, 명상 등 수행을 계속한 결과 마침내 항마성도*의 경지에 이릅니다. 그리고 부처(Buddha: 진리에 눈

뜬 사람)가 되어 사람들에게 불법을
전하는 여정을 시작합니다. 이때
부처가 전한 가르침이 '사제와 팔
정도'입니다.

이 시대의 왕들은 왕권 강화를
위해 브라만교를 활용하면서 정신
적인 지주로는 불교와 자이나교를
찾았습니다. 또한 전쟁이 끊이지
않는 시대를 헤쳐나가기 위해 유
능한 사람이면 바르나에 상관없이
신하로 들여 부국강병을 추구했습
니다. 계속된 전란 끝에 코살라, 마

> ✦ **업보, 윤회 사상**
>
> • 사후에 인간의 영혼은 달이 되거나
>   비와 함께 지상으로 내려온다. 그래
>   서 먹을거리 속의 생명력이 되어 인
>   간의 체내로 들어오고 결국 여성에
>   게 도달하여 재생한다.
> • 어떤 형태로 재생할지는 전생의 업
>   보(행위)에 달려 있다.
>
> ※ 이생은 전생에 쌓은 업보의 결과이므로
> 설사 수드라나 불가촉천민으로 태어나도
> 숙명으로 받아들여야 한다는 것이 브라만
> 의 주장이었다. 이것이 당시의 바르나 제
> 도뿐만 아니라 후대 카스트 제도까지 지탱
> 하는 기반이 되었다.

가다, 밧사, 아반티의 4대국이 점점 세력을 갖게 되었고 최종적으로 마
가다국의 난다 왕조가 세를 불려 갠지스강 유역을 정복합니다.

그리고 기원전 320년경 찬드라굽타가 난다 왕조를 몰아내고 마우리
아 왕조를 창시합니다. 마우리아 왕조는 인도 최초의 제국을 세운 왕조
이자 역사상 인도 아대륙 전역을 거의 통합한 유일한 왕조입니다.

마우리아 왕조의 전성기는 3대 아소카왕(재위 기원전 268년~기원전
232년) 때였습니다. 아소카왕은 즉위 직후에는 폭정과 살육을 되풀이하
는 공포의 대상이었지만 어느 순간 뉘우치고 불교로 개종한 뒤 완전히
다른 사람이 됩니다. 불법을 받들고 바른 정치를 실천하여 사람들에게
서 '다르마•• 아소카'로 불릴 만큼 존경받게 된 것입니다. 또, 불교를 깊
고 넓게 포교할 목적으로 인도 각지에 석주를 세우고 암석에 비문을 새

• 　降魔成道. 악마의 유혹을 이기고 깨달음에 도달하는 것.
•• 　'다르마(Dharma)'는 불법(佛法)을 뜻하기도 하지만 진리, 법률, 의무, 정의, 생
　　활 규범 등을 뜻하기도 한다.

고통을 넘어서려면 팔정도를 실천해야 해!

싯다르타는 석존*으로도 불리지.

이때 깨달은 진리가 사제!

싯다르타는 보리수 밑에서 진리를 깨우치고 부처가 됐어.

이 무렵에 태어난 인도의 사상가들을 육십이견¹이라고 해.

✦ 사제(四諦)란

① 고(苦): 삶은 고통의 연속이다.

② 멸(滅): 고통의 근본인 번뇌를 깨닫고 없애면 고통이 사라진다.

③ 집(集): 고통의 원인을 밝힌다.

④ 도(道): 고통을 넘어서는 수행 방법을 실천한다.

✦ 팔정도(八正道)란

① 정견(正見): 바른 견해

② 정사유(正思惟): 바른 생각

③ 정어(正語): 바른 말

④ 정업(正業): 바른 행동

⑤ 정명(正命): 바른 생활

⑥ 정정진(正精進): 바른 노력

⑦ 정념(正念): 바른 의식

⑧ 정정(正定): 바른 명상

• 釋尊. 부처를 초월적인 존재로 여겼으므로 땅 위에 그 화신으로 나타난 존재를 '석존'이라 높여 불렀다.

겼습니다.

부처의 입적 후 유골(사리)을 여덟 갈래로 나누어 8개 탑에 보관했다고 합니다. 이것이 부처의 묘이자 사당인 스투파인데, 이 스투파를 인도 전역에 퍼뜨리기 위해 아소카왕이 8개의 탑에서 꺼낸 사리를 무려 8만 4000개의 탑에 나누어 담았다는 전설도 있습니다.

비하르주에 있는
아소카왕 기둥
기원전 3세기.

그중 아소카왕 시대에 지어졌으며 현존하는 스투파 중 가장 오래된 스투파가 산치 제1스투파입니다.

산치에는 기원전 3세기부터 12세기에 걸쳐 조성된 귀중한 유적군이 있는데, 아소카왕 시대에 불교 포교의 기지로 쓰인 가람*인 듯합니다.

그중 제1스투파는 사리가 있는 사리실 주변에 밥그릇을 엎은 모양(복발)으로 흙을 쌓아 올리고 두드려서 굳힌 구조물입니다.

기원전 2세기경부터는 복발의 표면을 마름돌[2]로 덮고 꼭대기에 상자 모양의 평두를 설치한 다음 그 가운데에 산간[3]을 세우고 산개를 올리는 것이 일반적인 양식이 되었습니다. 기단[4] 위에는 요도**가 빙 둘러 있는데 이것은 시계 방향으로 걸으면서 경전을 외우고 기도하기 위한 길입니다. 또 사타바하나 왕조(기원전 1세기~3세기) 이후에는 성역을 구분하기 위해 주변에 난순을 둘렀고, 사방에 토라나(문)를 세웠습니다.

스투파의 난순과 토라나에는 목조 구조물의 특징이 나타나 있어 원래는 둘 다 목조였음을 알 수 있습니다. 여기 빽빽이 새겨진 부조는 불교 설화를 전달하는 멋진 의장입니다. 인물, 동물, 나무숲, 식물 등이 여백 없이 메워져 있어 무겁게도 느껴지지만 풍부한 사실성과 자연스러

103

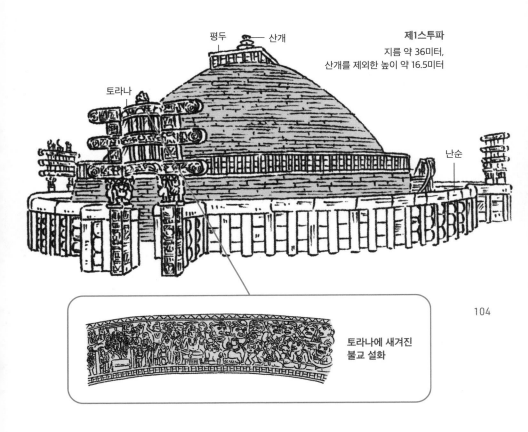

제1스투파
지름 약 36미터,
산개를 제외한 높이 약 16.5미터

평두 — 산개

토라나

난순

104

토라나에 새겨진
불교 설화

제1스투파 평면도

산치 유적 복원도

운 묘사가 특징입니다.

사람들이 스투파를 부처의 몸, 신앙적으로 의지할 곳, 중요한 예배 대상으로 여겼으므로 스투파는 장엄한 장소로 변모하여 불교 미술을 잉태합니다.

스투파 신앙이 당시 유행했던 성수(聖樹) 신앙과 융합한 점도 흥미롭습니다.

꼭대기의 산개와 평두는 그야말로 성수 신앙의 흔적이면서 부처가 깨달음을 얻은 보리수의 상징입니다. 복발 내부의 중심축에 나무 기둥을 세워 하늘과 땅을 잇는 우주의 축, 혹은 죽음과 재생을 표현한 스투파도 있습니다. 다시 말해 스투파는 단순한 무덤이 아니라 번뇌에 시달리는 윤회의 삶에서 해탈하여 이상적인 극락정토로 가기를 바라는 염원을 형상화한 구조물이었습니다.

불교는 왕족, 귀족, 부유한 상인 등 유력한 후원자뿐만 아니라 서민들 사이에도 뿌리내렸습니다. 사람들이 스투파 신앙과 부처의 위대한 설법을 받아들였기 때문입니다. 스투파에 기부하는 행위 그 자체가 큰 공덕으로 여겨졌으므로 모두가 기부에도 앞다투어 나섰습니다. 스투파는 마침내 불교와 함께 동아시아에 전해졌습니다.

마우리아 왕조가 인도를 통치하는 동안 물자와 기술, 문화가 선진 지역에서 후진 지역으로 전파된 덕분에 지역 간의 격차

✦ 불교와 수목 신앙의 밀접한 관계

① **부처의 탄생**
룸비니 동산의 무우수

② **부처의 깨달음**
부다가야의 보리수

③ **부처의 입적과 열반**
쿠시나가라의 사라쌍수

※ 여기에 부처가 최초로 불법을 설파한 사르나트까지 추가하여 '4대 불적'이라고 부르기도 한다.

가 급속히 줄어들었습니다. 그리고 마우리아 왕조가 쇠퇴하자 모든 민족이 독립합니다. 인도 최초의 제국이 다양한 세력의 활동을 촉진하는 역할을 한 것입니다. 이때 독립한 왕국들은 지역별로 고유한 특색을 갖고 다양한 활동을 전개하기 시작합니다.

---

1 부처가 살아 있을 당시 인도의 타 종교에서 주장한 62가지 견해.
2 직육면체로 가공한 돌.
3 傘竿. 평두(平頭) 위에 세운 기둥.
4 基壇. 터를 반듯하게 다듬고 한 층 높게 쌓은 단.

16 | 인도의 석굴 사원에서 눈여겨보아야 할 것

사타바하나 왕조
데칸고원

로마스 리시 석굴(B.C. 3세기경)
카를리 제8석굴(1세기 후반~2세기 전반)

카를리 제8석굴 입구
전기 석굴의 전형적 구조지만 규모가 압도적으로 크다.

마우리아 왕조가 사라진 후 많은 나라가 데칸 지방에서 세력 다툼을 벌였으나 기원전 1세기경에 사타바하나 왕조가 패권을 잡습니다. 이 왕조는 왕권 강화와 신분 질서 유지를 위해 북쪽에서 다수의 브라만을 불러들이면서 아리아 문화를 도입했습니다. 한편 불교도 적극적으로 받아들였으므로 이후 데칸 지방은 브라만교를 보호하고 불교를 믿는 곳으로 바뀝니다.

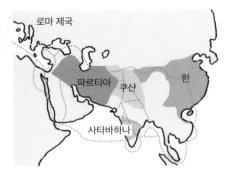

로마 제국

파르티아   쿠샨   한

사타바하나

1~2세기경 인도 및 주변국의 판도와 교역로
석굴은 대개 도시나 교역로 근처에 지어졌다.

또 동쪽의 중국과 서쪽의 로마 제국을 연결하는 해상 교통 중계항을 보유한 덕분에 교역도 번성합니다. 특히 로마 제국이 위세를 떨친 1~2세기에 늘어난 수요에 발맞추어 인도에서 나는 후추를 비롯한 향신료, 보석, 상아, 면직물, 동물, 중국산 비단 등 다양한 물품을 수출했습니다.

이 수출품들이 그야말로 불티나게 팔려서 판매 가격이 원가의 100배에 달했다는 이야기가 전해질 정도이니, 무역에서는 수출국인 인도가 완전히 우세를 차지한 모양입니다. 지금도 인도 각지에서 로마 금화가 대량으로 출토되는 것을 보면 막대한 부가 로마에서 인도로 유입된 것이 틀림없습니다.

이때 인도 아대륙은 지역별로 세력이 분단되어 있었지만 다른 대륙과의 경제 활동은 활발했으므로 상인들이 육로와 해로를 오가며 큰 활

나도 갖고 싶어!
돈은 얼마든지 낼게!

인도의 향신료와 보석   로마 제국 초대 황제   남인도에서 출토된
                            아우구스투스   로마 금화

약을 펼쳤습니다. 이들의 활동과 경제적인 지원 덕분에 불교 역시 인도 각지에 뿌리를 내리게 됩니다.

당시 불교의 상황은 대자연의 돌산을 파서 건축한 석굴 사원의 장관을 통해 엿볼 수 있습니다.

인도 사람들은 예로부터 산을 신격화했고, 신이 머무는 곳이라며 신성시했습니다. 산속 동굴은 건기의 뜨거운 햇볕과 우기의 변덕스러운 날씨를 막아주었

로마스 리시 석굴
석굴 사원의 원형.

으므로 수행을 쌓고 기도를 드리기에도 좋은 장소로 자주 활용되었습니다. 그런데 머잖아 사람들이 자연의 동굴을 더 신성하게 만들 목적으로 돌산을 파서 석굴을 조성하기 시작했습니다.

특히 석질과 지형이 유리했던 데칸고원 북서부에 석굴이 집중되었습니다. 인도에 현존하는 약 1200개 석굴 중 1000개 정도가 여기에 몰려 있을 정도입니다.

인도의 석굴 사원에서 주목할 점은 돌산을 파서 만든 동굴인데도 목조처럼 보인다는 것입니다.

특히 인도에서 가장 오래된 바라바르의 로마스 리시 석굴은 기둥에 도리와 추녀를 올린 목조 건물 그 자체입니다. 지붕은 아치형이면서 초가지붕 같은 선을 그리고, 입구 상부에는 나무 격자로 보이는 장식까지 있습니다.

시간이 조금 흐른 뒤에는 이 아치가 창구멍으로 변해 차이티아 창으로 불리게 되고, 주변에 난순과 조각이 장식으로 추가됩니다. 그중에서

109

카를리 제8석굴 내부
목조를 모방한 건축 양식이 장중한 분위기를 자아낸다.

카를리 제8석굴의 벽에 새겨진 미투나 상
미투나는 '남녀 한 쌍'이라는 의미로, 남녀의 애정 행위를 표현한 것이다.

도 카를리 제8석굴은 전기 석굴* 시대에 조성된 차이티아 굴**의 백미입니다. 내부 폭 14미터, 깊이 38미터로 전기 석굴 중 최대 규모이며, 열주와 U자형 늑재¹로 이루어진 볼트 천장이 안쪽에 스투파를 안치하기에 손색이 없을 만큼 장엄한 분위기를 자아냅니다.

석굴 사원은 목조, 흙 구조, 벽돌 구조보다 내구성이 뛰어나 성역에서 영원성을 추구하는 사람들의 마음에도 부응했습니다. 자연과 일체가 된 웅장함이 인도인의 원초적 종교 공간인 동굴과 조화를 이룬 덕분인지, 사타바하나 왕조 시대에 석굴 사원 수가 급증했습니다.

그런데 이 무렵 인도 서북부의 한 나라가 교역으로 세력을 확장하기 시작합니다. 사타바하나 왕조와 함께 문화의 가교로 활약한 이 나라는 어떤 나라였을까요?

- 기원전 2~3세기경에 지어진 전기 석굴 사원은 전체적으로 규모가 작았고 목조를 본떴으며 불상이 없었다. 5~8세기경에 지어진 후기 석굴 사원은 구조가 복잡했고 장식이 화려했으며 벽에 다양한 불상을 조각했다.
- 불교의 예배 대상을 총칭하는 말. 초기 불교에서는 보리수, 부처의 발바닥을 새긴 돌, 부처 발바닥 조각 안에 있는 수레바퀴 모양(가르침을 상징), 스투파 등을 가리켰다. '차이티아 당'은 스투파가 있는 사당, '차이티아 굴'은 스투파가 있는 석굴을 말한다.

---

1   肋材. 얇고 편편한 재료를 보강하기 위해 설치하는 보강재. 말 그대로 갈비뼈처럼 보일 때가 많다.

불교 문화에 그리스의
흔적이 남은 까닭은

쿠샨 왕조
대승 불교
간다라 미술

시르캅 유적(B.C. 1세기~1세기)

그리스 조각의 영향이
엿보이는 불상
쿠샨 왕조, 2세기. 깊은 음영을
활용해 인체의 양감과 옷의 질감
을 사실적으로 표현했다.

마우리아 왕조가 쇠퇴하기 시작하자 인도 서북부에서는 그리스계인
박트리아 왕국*, 스키타이[1]계 유목민인 샤카족, 그리고 파르티아 유목
민인 파흘라바족이 세력을 잡습니다. 인도 서북부를 정복한 이 세력들
은 인도의 관습과 신을 받아들였습니다.

　그러다 1세기 후반이 되자 유목민인 쿠샨족이 세운 쿠샨 왕조가 등
장하여 로마와 중국, 인도를 연결하는 교역로이자 요충지인 간다라 지

● 　그리스인이 중앙아시아에 세운 왕국. 그리스 본토와 같은 화폐를 발행하여 그
　앞면에 그리스 문자, 뒷면에 인도 문자를 새겼다. 나중에는 제우스, 헤라클레
　스 등 그리스 신과 힌두 신도 새겼다.

인도·그리스 왕이 새겨진 은화 •
앞에 왕과 그리스 문자를, 뒤에 기마상과 인도 문자를 새겼다.

방을 다스립니다. 이 무렵에 계절풍을 이용하는 해상 항로(22 참조)가 개발되었는데, 쿠샨 왕조가 이 항로를 이용한 로마 무역으로 크게 번영한 것입니다.

불교는 기원전 1세기경에 큰 변화를 겪습니다. 원래 불교는 스스로 출가하여 수행하면서 자기 해탈을 지향하는 종교였는데, 이 시기에 다른 사람들도 구제받도록 도와야 한다는 운동이 일어난 것입니다. 이 운동을 일으킨 승려들은 이 사상을 '구제를 위한 큰 탈것'이라는 의미로 '대승 불교'라 불렀습니다. 한편 자기 해탈을 지향하는 불교는 이기적인 '작은 탈것', 즉 '소승 불교'라며 비판했습니다.

113

이 무렵에 불상도 처음 조각됩니다. 숭고한 존재인 부처를 상으로 조각하는 일을 두려워하여 이전에는 불상이 만들어지지 않았으나 1세기 말이 되자 간다라 지방의 불전도[2]에 부처의 상이 출현합니다. 그런데 흥미로운 점은 여기 단독으로 출현한 불상에 그리스 조각의 영향이 분명히 드러나 있다는 것입니다.

불교 미술은 간다라 미술로 개화하기 시작했는데, 이때 간다라 지방에서는 도시 건축에도 그리스·로마 양식이 명확히 나타납니다.

특히 간다라 지방의 중심 도시였던 탁실라의 시르캅 유적에서는 그리스·로마 양식, 인도 양식, 중앙아시아 양식이 융합된 것을 볼 수 있습니다. 그중에서도 시르캅 지구의 도시는 전형적인 그리스 양식인 바둑판식으로 설계되었습니다.

• 아프가니스탄 북부는 아케메네스 왕조 페르시아 시대부터 그리스의 식민지였던 듯하다. 여기 살던 그리스인들이 힌두쿠시산맥을 넘어 서북 인도로 침입했는데, 그들을 '인도·그리스인'이라고 불렀기 때문이다.

폭이 6미터쯤 되는 중심가를 따라 남쪽으로 가다 보면 그리스 아크로폴리스와 비슷한 언덕 위 유적들과 그 배후의 산들이 보입니다. 중심가 주변에 중정이 있는 주택과 왕궁이 늘어서 있으며, 이 지구 전체가 성벽에 둘러싸여 있습니다.

한편 오래된 벽의 축조에는 큰 돌 사이에 작고 평평한 돌을 메우는 방식이 쓰였는데, 이것은 중앙아시아에서 자주 쓰이는 공법입니다.

시르캅 지구에는 스투파와 차이티아 당(16 참조)이 여러 곳

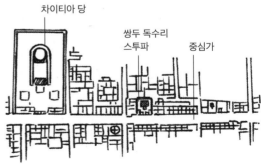

차이티아 당

쌍두 독수리 스투파   중심가

시르캅 유적의 도시 계획

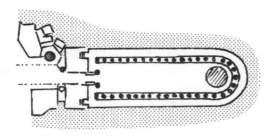

장방형과 반원을 조합한 구조(카를리 제8석굴)

고대 로마 교회와 비슷한 구조.

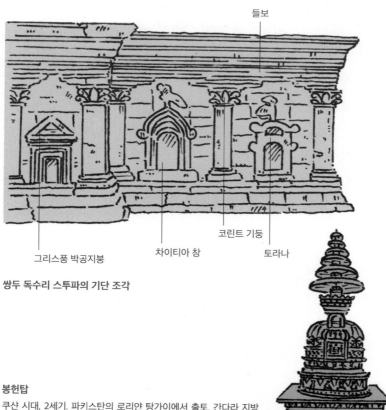

들보

그리스풍 박공지붕

차이티아 창

코린트 기둥

토라나

쌍두 독수리 스투파의 기단 조각

봉헌탑

쿠샨 시대, 2세기. 파키스탄의 로리얀 탕가이에서 출토. 간다라 지방에 현존하는 스투파는 상당히 손상된 상태지만 스투파를 본뜬 미술품을 통해 당시 건물 형태를 짐작할 수 있다.

있습니다. 차이티아 당은 앞서 소개한 로마스 리시 석굴이나 카를리 제8석굴과 마찬가지로 직사각형과 반원이 조합된 형식입니다. 고대 로마 교회의 구조인 '바실리카³+후진'과 똑같죠.

쌍두 독수리 스투파도 짚고 넘어가야겠습니다. 이 스투파의 기단에는 석굴에서 보았던 차이티아 창, 토라나뿐만 아니라 그리스풍 박공지붕을 단 코린트 기둥과 들보가 균형 있게 새겨져 있습니다. 건축 요소의 혼재를 여실히 보여주는 인도 서북부의 도시 시르캅은 그야말로 문화의 교차점이 되어 간다라의 매력을 끌어올리고 있습니다.

쿠샨 왕조는 다양한 민족이 뒤섞인 광대한 영토를 다스리면서 인종을 차별하지 않았고 모든 문화와 종교에 관대한 정책을 펼쳤습니다. 덕분에 불교 미술이 발달했고 사원과 불상이 수없이 만들어졌으며 불교 개혁도 일어났습니다. 자연스럽게 어우러져 유연하게 살아가는 유목민다운 통치 방식뿐만 아니라 상인들이 실현한 경제적 번영이 그 성공의 비결이었습니다.

116

1   이란계 유목 민족.
2   佛傳圖. 부처 일생의 중요 사건을 그린 그림.
3   직사각형의 회당 양식.

18	아잔타 석굴은 무슨 용도로 만들어졌을까	굽타 왕조 바르다나 왕조 서유기 현장

아잔타 석굴 사원군
(전기: B.C. 1세기~1세기, 후기: 5~7세기)

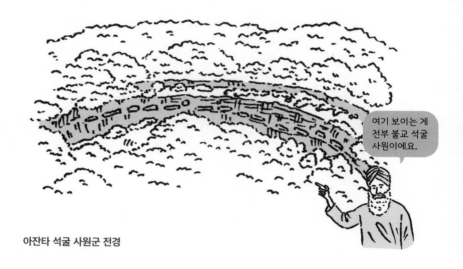

여기 보이는 게 전부 불교 석굴 사원이에요.

아잔타 석굴 사원군 전경

유목민이 세운 쿠샨 왕조가 망한 후 한동안 작은 왕국들이 항쟁했으나 320년에 성립된 굽타 왕조가 패권을 잡자 마우리아 왕조 이래 최초의 아리아인 왕조 시대가 시작되었습니다. 이민족의 지배를 벗어난 굽타 왕조는 인도의 전통적인 정체성을 유지하면서 문학, 학문, 예술, 종교 등 문화를 성숙시켜 오늘날 인도 문화의 원형을 완성했습니다.

굽타 왕조는 힌두교를 믿었지만 타 종교에도 관용적이었으므로 불교 미술이 발전하여 굽타 양식이라는 세련된 영역에 도달합니다. 일례로

아잔타의 부처 삼존상

아잔타의 삼존[1]상을 보면 부처의 몸이 탄탄하고도 조화롭게 표현되어 있습니다. 또 굽타 양식의 특징인 반쯤 감긴 눈은 두툼한 입술, 넉넉한 볼과 어우러져 온화하고도 단정한 아름다움을 보여줍니다.

굽타 왕조의 문화를 계승한 바르다나 왕조 시대*에는 《서유기》 주인공의 모델로 유명한 삼장법사 현장이 중국 당나라에서부터 목숨을 걸고 진리를 찾으러 와, 629년에서 644년까지 머물렀습니다. 바

르다나 왕조의 초대 왕 하르샤는 현장을 후히 대접하고 불교를 더 발전시켜달라고 부탁했습니다. 굽타 시대에 만들어진 승려들의 숙소 비하라는 현장이 찾아왔을 당시에 이미 국내외 승려가 모이는 날란다 승원(5~12세기)으로 변모하여 불교 세계의 중심으로 활약하고 있었습니다.

불교 석굴 사원 건축의 바람은 한동안 잠잠해졌다가 5세기 중반부터 다시 불기 시작합니다. 여기서는 후기(5~7세기)에 건축된 석굴 사원 중 불교 미술의 보고로 불리는 아잔타 석굴 사원군**을 살펴보겠습니다.

아잔타에 있는 비하라 석굴들은 열주가 늘어선 세 방향으로 승방[2]을 배치하는 방식으로 설계되었습니다. 전기 석굴과 다른 점은 입구 안쪽에 불상을 올릴 불전을 설치했다는 것입니다. 기둥 역시 전기 석굴보

● 7세기 중엽까지 굽타 시대로 간주할 때도 많다.
●● 아잔타 석굴군은 굽타 왕조와 협력 관계였던 바카타카 왕조의 영토에 있었다.

다 두꺼워져서 석굴다운 양감을 보여주고 4각형이었던 형태도 8각형, 16각형, 32각형으로 다양해졌습니다.

제1석굴의 큰 방과 둘레 벽에는 보살과 부처의 이야기가 새겨졌으며 목조를 본뜬 들보와 도리의 경계에는 인도의 전통적 소재인 정령과 비천[3], 동물, 넝쿨무늬가 새겨졌습니다.

또 제2석굴의 입구와 기둥에는 미투나 및 여신들의 모습이 새겨졌고 불전[4]으로 가는 길 위의 천장에는 원 무늬가 반복적으로 새겨져 있습니다. 특히 불전 전실의 좌우 기둥을 공들여 장

삼장법사의 여행(《서유기》)

✦ 굽타 왕조 시대의 문화

산스크리트어가 공용어가 되어 문학, 학술, 종교 등의 분야에서 폭넓게 쓰였다.

↓

산스크리트 문학이 크게 발전하여 인도 고전 사상 최고의 시인으로 불리는 칼리다사(산스크리트 문학의 최고 걸작으로 꼽히는 《샤쿤탈라》 등을 썼음)의 얼굴이 화폐에 새겨질 정도였다.

↓

산스크리트어는 불교와 함께 중국을 거쳐 일본까지 전파된다. 한편 수학에서는 0과 십진법을 활용한 계산법, 숫자 표기법이 발명된다. 지금 우리가 쓰는 숫자도 아라비아에서 유럽으로 전해져 아라비아 숫자로 불리지만 원래는 인도의 발명품이었다.

산스크리트어

	1	2	3
인도	?	?	?
아라비아	?	?	?

인도 숫자와 아라비아 숫자

 고대 인도·아리아어의 일종. 힌두교 예배 용어, 불교 경전의 언어.

아잔타 제1석굴 기둥의 장식

아잔타 제2석굴 비하라의 불전

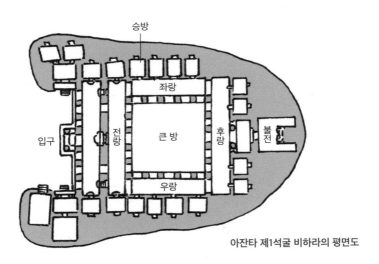

아잔타 제1석굴 비하라의 평면도

식했습니다. 전실 벽면과 불전 내부에는 본존인 부처를 중심으로 수많은 부처를 그려놓은 천불화가 있습니다.

이처럼 아잔타 비하라 석굴의 내부 공간은 입구에서부터 점점 안으로 들어가다가 불전에서 절정을 맞는 단계적인 질서를 표현함으로써 불교 세계와 인도 전통의 융합을 꾀했습니다.

전기 석굴에서는 단순한 승방이었던 비하라 석굴이 후기에 와서 이처럼 풍부한 조각과 돌 표면의 표현, 불상까지 합세한 호화로운 불전으로 진화했습니다. 그래서 마침내 굽타 미술의 전통을 실현한 장엄한 예술의 극치로까지 불리게 되었습니다. 후기 비하라 석굴은 전기 석굴의 진화를 보여주며 불교 미술의 기원을 짚어주는 매우 귀중한 자료이기도 합니다.

이처럼 5~6세기에 전성기를 맞은 인도 불교 세계를 곁눈질하며 초조해하는 종교가 있었으니, 바로 브라만교입니다. 브라만교는 이후 브라만의 부단한 노력으로 힌두교로 진화하며 세력을 서서히 키우게 됩니다.

---

1   三尊. 본존과 그 좌우의 부처나 보살을 통틀어 이르는 말.
2   僧房. 승려가 기거하며 수행하는 집.
3   飛天. 하늘을 날아다니며 인간과 왕래한다는 여자 선인.
4   佛殿. 부처를 모신 집.

19	돌산을 통째로 깎아 만든 힌두교 사원	라슈트라쿠타 왕조 마누 법전 시바 비슈누

엘로라 석굴군(8세기 중반~13세기경)

엘로라 석굴군의
카일라사 사원

  불교와 자이나교가 탄생한 후 브라만교는 계속 세력이 약해졌고 그
결과 자신들이 수드라 이하의 계급으로 멸시했던 이민족에게 지배받
는 굴욕을 당해야 했습니다. 그래서 《다르마 수트라(율법경)》를 편찬하
여 바르나(14 참조) 이론을 강화함으로써 신분 질서를 더욱 굳건히 하려
합니다.

  또, 후대에 힌두교 최고 권위를 자랑하는 법전이 될 《마누 법전》에
주장을 담아냈습니다. 자신들에게 유리한 사회사상과 정치사상에 힘을

소를 특히 신성시함

부엌의 신, 집터의 신, 조상신 등 수많은 신이 존재한다.

마을 신의 사당

실어주려 한 것입니다.

업보·윤회 사상(15 참조)이 유행하면서 소나 양으로 제사를 지낸 뒤 그 고기를 먹는 일에 대한 비판의 소리가 높아지고* 육식을 피하는 경향이 강해지자 브라만교는 종교로서 살아남기 위해 아리아족과 관계없는 토착 신을 받아들입니다. 이때 받아들인 시바와 비슈누는 사람들에게 큰 인기를 끌어 나중의 힌두교의 2대 종파가 됩니다.

또, 브라만교는 가정의 제사를 반드시 브라만이 집행하도록 만들었습니다. 지역 주민의 생활에 브라만이 깊숙이 끼어든 것입니다.

이처럼 아리아인의 종교로 출발한 브라만교는 굽타 왕조 시대에 힌두교로 변모합니다.

123

시바 신

시바는 파괴와 창조를 관장하며 인간 사회를 지키는 신이자, 다양한 신을 내포한 채 링가 형태로 숭배된 최고위 신이다.

비슈누 신

원래 태양신이었던 비슈누는 세계 창조와 파괴를 담당하는 신으로, 자연 질서와 자연을 저해하는 힘 사이에서 균형을 잡고 인류를 보호하는 일을 한다.

● 동물도 사람의 생명과 이어져 있으므로 제물로 쓸 동물이 선조의 환생이거나 자신의 미래 모습일 수 있다.

✦ '다르마 수트라'의 이론

- 4 바르나(브라만, 크샤트리아, 바이샤, 수드라)는 전생의 업보(행위)가 낳은 결과이므로 자신의 바르나에서 평생 벗어날 수 없다.
- 바르나마다 직업이 미리 정해져 있으므로 자기 바르나의 직업에 전념해야 한다.
- 같은 바르나에 속한 자와 결혼해야 한다.
- 4 바르나가 각각의 역할을 담당해야 사회 평화가 유지된다.

일상생활과 제사를 하나로 융합하는 게 좋다네!

끊임없는 노력이 열매를 맺었군!

서비스 카스트

생산 카스트

가정의 제사를 집행하는 브라만

사제 카스트, 이발 카스트, 목수 카스트, 세탁 카스트 등 생산과 서비스에 관련된 많은 카스트가 있다.

124

힌두교는 특정한 시점에 명확히 성립된 종교가 아닙니다. 오히려 시대의 흐름과 요청에 대응하면서 전통적 조상 숭배, 자연 숭배와 융합하는 등 자신의 특성과 교리를 유연하게 바꾸다 보니 자연스럽게 형성된 종교입니다. 힌두교는 굽타 왕조 이후 세력을 점점 강화하며 사원을 계속 늘려나갔습니다.

힌두교 사원은 신과 신자가 이어지는 곳입니다. 힌두교의 신은 사원 건물과 성상 혹은 상징에 머물지만, 항상 그렇지는 않으므로 신을 불러

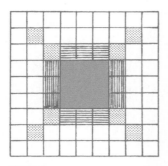

만다라
신들의 세계를 그린 도형으로, 가운데가
가장 신성하다.

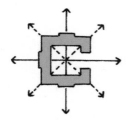

기도 동선(평면)
성소를 가까이에서 빙빙 돌며 성소 바깥
쪽으로 에너지를 발산한다.

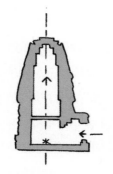

기도 동선(단면)
동굴과 신의 산, 신의 세계가 연결된다.

내는 전례와 의식이 꼭 필요했습니다.

힌두교 신앙의 주요 목표는 윤회로부
터의 해방*입니다. 그래서 힌두교는 이
목적을 달성하기 위해 힌두 세계관과 일
치하는 형태로 사원을 지었습니다.

<mark>힌두 사원의 건물 구조를 파악하는
열쇠는 다음 세 가지입니다.</mark>

첫 번째는 만다라와 기도 동선으로
이루어진 '평면'입니다. 이 바탕 위에 동
서축을 기본으로 하여 모든 방과 입구가
배치되어 있습니다. 만다라 그림에서는
중심의 아홉 칸이 우주를 담당하는 여덟
기둥의 신들을, 바깥쪽의 서른두 개 기
둥이 방위와 별의 신을 상징합니다.

두 번째는 사원 건물들이 수미산¹과
카일라스산 등 신화의 산들을 표현한다
는 사실입니다. 사원에 우뚝 솟은 탑은
신화 속 산의 상징이자 지상과 천계를
연결하는 축입니다.

세 번째는 사원이 신의 몸을 상징한
다는 사실입니다. 기둥은 다리, 지붕의
후퇴부는 목, 작은 박공지붕은 코입니
다. 이처럼 힌두교 사원은 신들이 머무
는 집이자 신의 몸 자체이니, 신의 세계

● 　불교와 자이나교의 최종 목표이기도 하다.

를 구현한 건물이라 할 수 있습니다.

굽타 왕조와 어깨를 나란히 했던 바카타카 왕조가 찰루키아 왕조에 권력을 넘겨준 후로 넓은 데칸 지역에서는 힌두교와 자이나교의 미술 활동이 왕성해졌습니다. 한편 찰루키아 왕조가 불교에 헌납한 엘로라 석굴군*의 카일라사 사원은 그야말로 큰 충격을 안겨주었습니다.

이전까지 석굴 사원이란 돌산을 옆쪽부터 파서 동굴 모양으로 만든 것이었습니다. 그러나 엘로라 석굴군의 카일라사 사원은 전혀 달랐습니다.

카일라사 사원은 놀랍게도 돌산을 통째로 깎아 만든 사원입니다. 이런 석조 사원을 석각²ᵃ 사원이라고 부릅니다.

이 석각 사원은 석조 사원을 본떠 만든 것으로, 앞에서부터 고푸람 (누문), 작은 사당, 그리고 회랑이 늘어서 있는 거대 가람입니다. 벽면에 새겨진 신들의 강력한 모습, 박력 있는 남신과 아름다운 여신의 모습 또한 압권입니다.

남방형 사원(23 참조) 양식과 서인도 양식의 영향이 반영된 건물 형태, 그리고 조각은 힌두 미술의 최고 수준을 보여줍니다. 건설이 8세기에 시작되어 13세기에 끝났다는 이야기가 있을 만큼 조성에 엄청난 시간이 걸린 듯하지만 거대한 돌산에서 사원을 통째로 깎아낸 놀라운 기술, 그리고 이처럼 다양한 요소를 반영한 복합체는 역사상 전무후무합니다. 그야말로 인도 전통 건축의 집대성이자 인도 조각 기법의 진면목을 보여주는 곳입니다.

그러나 이 사원을 마지막으로 석굴 사원과 석각 사원 건설의 열기는 서서히 식어갑니다. 반면 돌로 신성한 산을 창조하려는 시도가 더 왕성

● 엘로라 석굴 사원군은 힌두교, 불교, 자이나교의 석굴이 공존하는 희귀한 유적이다.

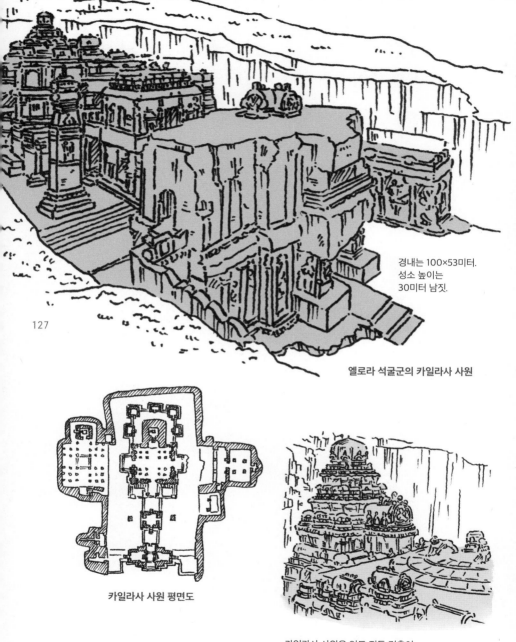

경내는 100×53미터.
성소 높이는
30미터 남짓.

127

엘로라 석굴군의 카일라사 사원

카일라사 사원 평면도

카일라사 사원은 인도 전통 건축이
집대성된 석각 사원.

해집니다. 이 이야기는 남인도에서 300년에 걸쳐 큰 세력을 펼쳤던 팔라바 왕조를 소개할 때 더 자세히 하겠습니다.

---

1   須彌山. 고대 인도의 우주관에서 세계의 중심에 있다는 상상의 산. 산스크리트어 수메루(Sumeru)의 음차.
2   石刻. 원문은 석조(石彫)이나 석조(石造)와 헷갈릴 듯해 '석각'으로 번역했다.

20

사원을 보면 힌두교의 발전 과정을 알 수 있다

다섯 라타(7세기 중반)
해안 사원(8세기 초)
카일라사나타 사원(8세기 초)

마애¹ 조각 「갠지스강의 강하」(7세기 중엽)
'아르주나의 고행'이라고도 한다. 인물과 동물의 동작을 생생하게 표현하여 팔라바 예술의 특색을 드러낸다. 물줄기를 표현한 바위 중앙의 틈, 수많은 신들이 자아내는 극적인 광경 등 전체적인 구성이 압도적이다.

굽타 왕조 이후 힌두교 세력이 불교를 앞질렀습니다. 그리고 인도반도 남부의 타밀 지방에서는 드라비다계˙인 팔라바 왕조가 3세기 중반에 독립하여 6세기경부터 세력을 강화하더니 결국 라슈트라쿠타 왕조 및 북쪽의 찰루키아 왕조와 싸우면서 남인도의 넓은 영역을 지배하게 되었습니다.

• 인도·유럽 어족에 속하지 않는 언어를 사용한 덕분에 인더스 문명을 건설한 것으로도 여겨진다. 기원전 1500년경에 침입한 아리아인에게 떠밀려 남방으로 이동했고, 현재 인도 인구의 5분의 1을 차지하며 남인도에 거주 중이다.

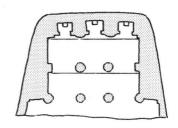

♦ 불교 사원과 힌두교 사원의 차이

차이는
간단해요!

불교 사원

부처 사리를 안치한 무덤인 스투파와 수행 장소인 승원의 조합.

힌두교 사원

사원 자체가 신의 집이라 스투파가 필요 없고, 태어나면서 사제가 정해지니 수행할 필요가 없어서 승원도 필요 없다.

팔라바 왕조는 북쪽의 아리아 문화(불교, 힌두교, 자이나교)와 토착 타밀 문화를 융합시켜 독자적인 팔라바 예술을 만들어냈습니다. 왕조가 무역과 상공업을 중심으로 번영했으므로 미술에 관심 있는 왕들과 부유한 상인들이 힌두 미술, 건축을 급속히 발전시킨 것입니다.

바크티[2] 운동(23 참조)이 한창이었던 힌두교는 세력을 확장하여 수도인 칸치푸람 주변에 많은 힌두교 사원을 건립합니다.

<mark>팔라바 왕조의 힌두교 사원에서는 불교 사찰이 목조 건물에서 석굴을 거쳐 어떻게 변천했는지 확인할 수 있습니다.</mark>

팔라바 왕조의 락시타 석굴에는 '브라흐마(힌두교 우주의 창조자), 시바, 비슈누의 집인 이곳은 벽돌도, 목재도, 금속도, 점토도 아닌 비치트라치타로 만들어졌다'라고 새겨져 있습니다. 마헨드라바르만 1세의 다른 이름이 비치트라치타이므로, 이곳이 초기 석굴 사원임을 알 수 있습니다. 내부는 매우 단순한데, 안쪽 벽에 가르바 그리하[3] 세 곳을 두어 위 글귀에 나온 3대 신에게 기

7세기경 조성된 락시타 석굴의 평면도

빙빙 돌아가는 조각상을 실은 라타[●]

다섯 라타 사원

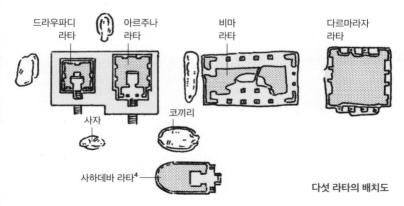

드라우파디 라타　아르주나 라타　비마 라타　다르마라자 라타

사자　코끼리

사하데바 라타⁴　다섯 라타의 배치도

131

● 　전차, 마차, 혹은 신의 탈것으로 만들어진 수레를 말한다.

도하게 했습니다. 지금은 석상이 없지만 원래 3대 신의 석상이 있었을 것입니다.

한편 석조 건축의 요람인 마하발리푸람에 있는 '다섯 라타'는 큰 바위를 깎아서 만든 석각 사원입니다. 형태가 각각 다른 사당이 모여 있지만 가람 양식이 아닌 데다 내부가 미완이기도 해서 여러모로 독특합니다. 그런데도 외관에서 비범한 힘이 느껴지는 것을 보면 건축가가 건물의 예술성으로 방문객을 매료하려고 고심한 듯합니다. 목조 구조인 합각지붕과 방형 지붕[5], 기둥과 들보, 서까래 등을 본뜬 형태가 보이는 점도 흥미롭습니다.

나라심하바르만 2세(재위 700~728년) 때에는 이전의 석굴과 석각 사원을 대신하여 석조 사원이 지어지기 시작합니다.

같은 마하발리푸람에 있는 석조 사원인 해안 사원*은 구조가 재미있습니다. 시바 신을 기리는 크고 작은 두 비마나(본전)가 비슈누 신을 기리는 사당으로 이어지기 때문입니다. 비슈누 상은 그곳에 있었던 돌산을 깎아 만든 것으로, 석각 사원의 흔적이 느껴집니다. 이 해안 사원을 본격적인 석조 사원의 전 단계로 보아도 좋을 것입니다.

'다섯 라타'에서도 마찬가지로, 목조 느낌이 강했던 지붕이 탑 모양으로 바뀌고 비마나로 가는 동선과 회랑이 추가되어 가람이 형성되기 시작한 것을 알 수 있습니다. 점점 힌두교 사원으로 진화하는 것입니다.

==이 흐름 속에서 탄생한 걸작이 사원 도시로 유명한 칸치푸람에 있는 카일라사나타 사원**입니다.==

'남방형 석조 사원의 시조'라고도 할 수 있는 이곳에서는 앞서 말한 만다라와 기도 동선(19 참조)이 뚜렷이 드러납니다. 일단 영역을 구분하

---

* 해변에 있어서 붙은 이름.
** '카일라사'는 '하늘에 있는 시바 신의 집'을, '나타'는 '주인'을 뜻한다. '카일라사'라는 말은 시바 신을 기리는 사원의 총칭으로도 종종 쓰인다.

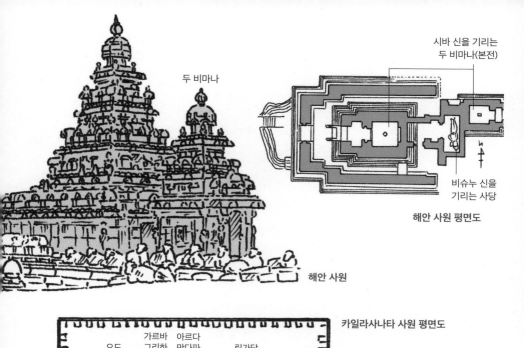

두 비마나

시바 신을 기리는
두 비마나(본전)

비슈누 신을
기리는 사당

해안 사원 평면도

해안 사원

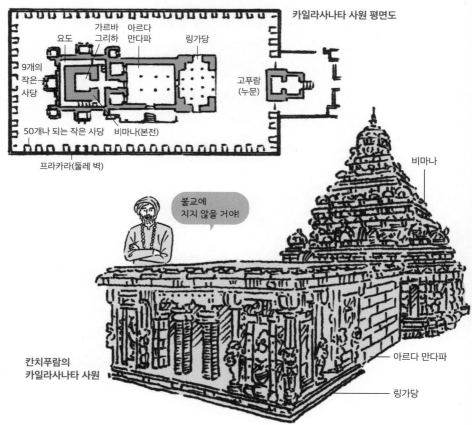

카일라사나타 사원 평면도

요도

가르바
그리하

아르다
만다파

링가당

9개의
작은
사당

고푸람
(누문)

50개나 되는 작은 사당

비마나(본전)

프라카라(둘레 벽)

불교에
지지 않을 거야!

비마나

칸치푸람의
카일라사나타 사원

아르다 만다파

링가당

는 프라카라(둘레 벽)가 둘렸고 정면에는 고푸람(누문)이 있으며 링가당, 아르다 만다파(대전), 비마나가 죽 늘어서 있습니다. 안쪽으로 갈수록 중요한 건물이 나오는 구성입니다.

사원의 안쪽에 가장 신성한 가르바 그리하(성소)가 있습니다. 보통 성상이나 상징이 놓여 있는 이곳은 신자가 신과 직접 연결되는 공간입니다. 이 가르바 그리하를 중심 삼아 회랑을 시계 방향으로 돌며 의식이 진행되는데, 동선상의 벽면에 다양한 우상이 늘어서 있습니다.

그리고 비마나 주위에는 9개의 작은 사당이, 프라카라 안쪽에는 50개나 되는 작은 사당이 배치되어 있습니다. 작은 사당의 사자 기둥과 지붕은 해안 사원 등에 쓰인 것을 계승·발전시킨 듯한 형태를 띠고 있습니다. 비마나 상부의 탑은 매우 복잡하고 화려합니다.

팔라바 왕조의 석굴에서 시작된 '돌 건축 사업'은 이처럼 칸치푸람의 카일라사나타 사원에서 기술적 성과를 증명하며 건축적으로 우수한 석조 사원을 만들어냈습니다.

석조 사원의 경우, 석굴 사원이나 석각 사원처럼 큰 돌산이나 석실이 없어도 건축할 수 있으며 원하는 방위에 맞춰 건물을 지을 수 있습니다. 또 석조 건물은 영구히 존재하기 때문에 나무나 벽돌보다 사원 건립에 더 적합하다고 여겨졌습니다. 힌두교가 인도 전역으로 퍼짐에 따라 자연환경, 지질과 관계없는 사원 건축이 실현된 셈입니다.*

석조 사원은 고대의 목조 기둥, 들보 구조물과 세부를 계속 답습했지만 큰 공간에 필요한 아치나 돔 공법은 거의 쓰이지 않았습니다. 기독교나 이슬람교처럼 신자를 한 공간에 모으는 예배 행사가 없었기 때문입니다.

---

* 힌두교 사원은 기본적으로 신의 쉼터로 여겨진 산이나 강, 숲속에 지어졌다. 따라서 동굴, 물가, 그늘 같은 요소가 중요했다.

힌두교 사원은 '신의 집'이자 '신 그 자체'입니다. 따라서 큰 공간을 만들기보다 힌두교의 세계관을 건물로 형상화하고 신이 머무는 곳으로 조각하는 일이 중요했던 것입니다. 그런데 전 세계를 둘러보아도 이처럼 정밀하고 호화로우며 조각적인 석조 사원을 계속 만들어낸 나라가 인도 외에는 없습니다.

팔라바 왕조의 수준 높은 미술과 건축은 교역 활동을 통해 바다를 건너 동남아시아의 조각과 건축 양식에 큰 영향을 미쳤습니다.

한편 불교는 이 무렵 부흥을 거쳐 새로운 사상을 다시 만들어냅니다.

---

1 磨崖. 석벽에 글자나 그림, 불상 따위를 새김.
2 Bhakti. 힌두교에서 신에 대한 헌신과 사랑을 의미하는 단어. 보통 '신애(信愛)'로 번역됨.
3 garbha griha. 직역하면 자궁의 집, 가장 안쪽의 신성한 공간(성소).
4 라타 이름은 전부 신화나 서사시에 등장하는 인물의 이름을 따서 만들어졌다.
5 네 귀의 추녀마루가 한데 모이게 된 지붕.

21

부처가 깨달음을 얻은 불교의 성지

마하보디 사원(7세기경)

날란다 대승원 제3지구

7세기 중반부터 8세기 사이의 인도 불교계에서는 탄트리즘*을 혼합한 밀교가 성행했습니다. 밀교는 앞서 언급한 《리그베다》(14 참조)에서부터 싹을 보이다가 7세기에 밀교 경전 《대일경》 및 《금강정경》의 편찬을 계기로 성립했습니다.

'부처가 된 자만 구원받는다'라고 하는 소승 불교와는 달리 대승 불교는 '보살이나 아미타에게 기도하면 구원받는다'라고 주장하여 민중에게 인기를 끌고 크게 발전합니다. 그리고 대승 불교는 힌두교의 사상

● '탄트라교'라고도 불리며, 성구(만트라)에 주술적인 힘이 있다고 믿는 사상이다.

과 신, 의식 및 주술적 요소도 받아들였습니다. 따라서 밀교는 대승 불교에서 생겨나 힌두교에 동화된 종교라 할 수 있습니다.

굽타 왕조가 망한 뒤 8~9세기경 벵골 지방에 등장한 팔라 왕조는 벵골 전역을 통일하고 갠지스 강 중하류의 농업, 광업 생산, 그리고 동남아시아와의 교역으로 번영합니다. 이 왕조가 불교를 보호했으므로 불교 미술과 불교문화가 발달합니다. 불교 성지와 유적에서 이 시대에 만들어진 불상이 다수 출토되는 것을 보면, 팔라 왕조에서 불교 사원이 많이 지어졌을 뿐만 아니라 예술 활동도 활발했음을 알 수 있습니다.

팔라 왕조의 성지 중에서도 석가가 도를 깨닫고 부처가 된 부다가야는 특히 많은 사원과 스투파, 승원이 지어져서 불교도들에게 중요한 순례지가 되었습니다.

✦ '탄트리즘'이란

- 시작은 7세기경, 전성기는 9~12세기.
- 신과 일체가 되는 밀교 의식을 성구(만트라)를 외우며 진행한다(주술도 포함).
- 의식에는 인체 생리학에 기초한 요가 행위가 동반된다(술이나 고기를 먹는 행위, 성행위가 동반되기도 함).
- 난해한 철학도, 엄격한 고행도 필요 없고 신분 차별을 하지 않으면서 욕망을 긍정했으므로 민중에게 인기를 끌었다.

✦ 밀교의 특징

- 우주의 중심인 존재(신)와 일체가 되기 위해 정신을 통일하고 염불하며 만트라를 외우는 의식을 진행한다.
- 이 의식으로 해탈, 성불이라는 최고의 경지에 도달하고 현세에서 복을 받는다.
- 밀교가 유행하자 우주(신)의 세계를 담은 만다라 그림도 유행한다. 그러나 그림은 왕과 지배층의 전유물이었다. 민중은 이해하기 어려웠기 때문이다.

부다가야의 마하보디 사원에 부처가 깨달음을 얻은 보리수가 있는데, 기원전 2세기경 그 아래에 차이티아 금강 보좌가 생겼고 그 주변에

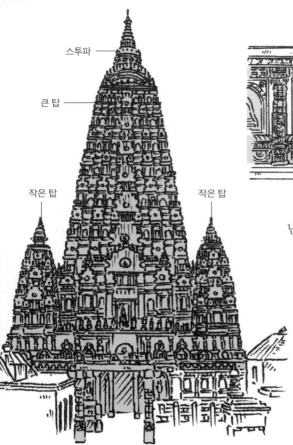

스투파

큰 탑

작은 탑　　　　　작은 탑

부다가야의 마하보디 사원

마하보디 사원 벽감[1]의 불상

난순이 쳐졌습니다. 또, 보리수 옆에 우뚝 솟은 고탑이 있는 사원 본전은 높이가 53미터나 되는 큰 탑과 네 귀퉁이의 작은 탑을 조합한 5당 형식으로 이루어져 있습니다.

138

지금의 모습은 19세기 대규모 보수의 결과지만, 보수 전의 자료를 봐도 크게 다른 것이 없어서 기층부 위에 7층탑이 있고 층마다 열감[•]이 있으며 꼭대기에는 스투파가 올라가 있습니다. 다만 아치가 2층 높이였고 볼트 천장과 통로가 있었던 점은 흥미롭습니다.

삼장법사 현장의 기록에 따라 굽타 시대부터 있었을 것으로 여겨지는 이 사원은 인도의 탑 형식 사원의 형태를 전달하는 유일한 유적으로

● **列龕.** 연속된 벽감. 사찰에서는 불상 조각을 놓는 장소로 쓰인다.

매우 귀중한 존재입니다.

마하보디 사원에는 현존하는 비타르가온 사원의 고탑과 사르나트의 다메크 스투파 등의 요소도 섞여 있는 듯합니다. 내부에 불상을 둔 방이 있어서 스투파가 아닌 점, 그런데도 큰 탑, 작은 탑의 디자인에 온갖 스투파 요소가 다 담겨 있다는 점도 재미있습니다.

비타르가온의 사원
5세기경, 힌두교

큰 탑과 작은 탑이 시카라[2](24 참조)를 닮은 데다 입구가 동쪽에 있고 외벽과 내벽에 많은 불상을 안치했다는 점에서는 힌두교 사원의 영향도 많이 받은 듯합니다.

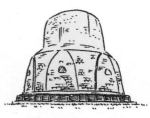

사르나트의 다메크 스투파
6세기경, 불교

부다가야 등 많은 불교 성지가 있는 비하르 주는 왕조의 비호를 받았을 뿐만 아니라 인도 각지와 중국, 동남아시아 신자의 기부로 넘쳐났습니다. 불교는 13세기 이후 인도에서 사라졌지만 밀교만은 크게 성행하여 불교 건축과 미술의 꽃을 계속 피우다가 네팔과 중국을 거쳐 일본까지 도달하게 됩니다.

1　벽면을 오목하게 파서 만든 공간. 주로 장식품을 놓는 용도로 쓰인다.
2　Sikhara. 비마나 위의 높은 탑.

찬디 보로부두르
(1기: 775경~790경, 2기: 795경~820경)

기본 구성은
찬디 아르주나와 같다.

찬디 멘두트(8~9세기)

　이번에는 인도 세계가 동남아시아 방면으로 어떻게 확대되었는지 알아봅시다.

　동남아시아로 인도 문화를 전파한 '첫 번째 파도'는 기원전 2세기경에 일어났습니다. 지중해에 면한 이집트 도시 알렉산드리아, 홍해, 아라비아해, 동남아시아의 말레이반도, 동아시아의 중국까지 연결하는 무역 경로가 열렸을 무렵인데 이 경로의 중심지가 남인도 동부의 코로만델 해안이었기 때문입니다. 당시에는 로마와 중국이 앞다투어 인도의 물품을 수입했을 만큼 인도가 문화적, 경제적 선진 지역이었습니다.

인도 상인들은 국제 무역 경로상에 있는 말레이반도 각지의 수장국을 방문하여 철재와 철기, 면직물, 기타 공예품과 금을 교환했습니다. 각국의 수장이 거래가 원활하게 이루어지도록 시장을 정비한 덕분에 항구와 시장의 기능을 겸비한 항만 도시가 형성되었고, 계절풍이 전환되어 배가 뜰 때*까지 기다려야 했던 상인들은 그곳에서 지냈습니다. 그러는 동안 인도에서 일상적으로 쓰는 물건과 기술뿐만 아니라 종교 의식 등 문화도 현지에 전파되었습니다.

인도 문화를 전파한 '두 번째 파도'는 굽타 문화를 담당한 브라만과 불교도들이 일으켰습니다. 브라만 중에서도 힘이 약했던 사람들이 해외의 후원자를 찾아 대거 이주했기 때문입니다.

브라만들은 수장을 국왕으로 옹립하고 행정 조직을 만들어 인도와 비슷한 국가를 수립했습니다. 이렇게 인도 문화가 수마트라와 발리, 자바까지 전파되었습니다. 종교 예술이 무르익은 자바에는 찬디(종교 건물을 총칭하는 자바어)가 속속 세워졌습니다. 불교, 힌두교 사원들도 찬디 아르주나²를 본떠 발전해 나갔습니다.

그러나 8세기경에 등장한 고대 마타람 왕국의 불교 사원 '찬디 보로부두르'는 이전과는 구성이 전혀 달랐습니다.

자연 언덕에 인공적으로 흙을 입혀 거대한 봉분을 만든 다음, 거기에 마름돌을 덮고 9층이나 되는 계단식 피라미드를 구축한 것입니다. 여기에는 기본적인 찬디에 있어야 할 성소 격의 내부 공간이 없었습니다. 토라나와 난순, 요도(회랑)가 있으니 거대한 스투파라고도 할 수 있겠지

---

* 인도양에서는 10월 중순부터 4월 중순까지 북동풍이, 4월 하순부터 10월 초순까지 남서풍이 분다. 고대로부터 북동풍이 불 때는 중국에서부터 동남아시아, 인도, 페르시아만, 아프리카 동쪽 해안 쪽으로 가는 배가 떴으며, 남서풍이 불 때는 반대 방향으로 가는 배가 떴다.

찬디 보로부두르

✦ 찬디 아르주나(7~8세기)

기본형 찬디

① 돌 기단 위에 몸체를 올린다.

② 지붕까지 외벽과 똑같은 구성으로 쌓아 올린 다음 라트나(보석)로 장식한다.

③ 입구는 정면에 한 곳만 만든다.

④ 내부 중앙의 요니(대좌³)에 링가를 올린다.

요. 그러나 그 구성은 스투파와 전혀 달랐습니다. 기단은 한 변이 약 120미터나 되었으며, 그 위에 하부의 5층짜리 사각형 탑과 상부의 3층짜리 원형 탑이 올려졌습니다. 탑을 빙 둘러 방대한 부조, 불감(벽면의 벽감 또는 작은 방)과 불상, 작은 스투파들이 배치되었으며 대형 스투파도 꼭대기에 놓였습니다. 이런 구성은 유례가 없습니다.*

사실 이곳은 수십 년에 걸쳐 단계별로 공사가 진행되었다고 합니다. 시공이 장기간 진행되었으므로 그동안 목적과 취지가 변하여

142

부처의 좌상과 크고 작은 스투파
(찬디 보로부두르)

설계와 구성이 변경되었을 수 있습니다. 그 결과 다양한 요소가 복잡하게 얽힌 불가사의한 찬디가 된 것입니다.

찬디 보로부두르는 인도네시아 불교 건축의 최고봉으로 지금도 사람들을 매료하고 있습니다.

남쪽 복도의 부조, 불감, 불상
(찬디 보로부두르)

- 변형된 스투파라는 설도 있고 산악신앙[4]의 영향으로 만들어졌다는 설, 밀교의 입체 만다라라는 설, 대승 불교의 개념인 삼계[5]의 표상이라는 설도 있다.

1 16세기 말 건국된 마타람 술탄국과 구분하기 위해 '고대'를 붙였다.
2 자바 중부에 있는 초기 힌두교 사원.
3 台座, 불상을 안치하는 받침대.
4 산악에 종교적 의미를 부여하고 숭배하는 것.
5 중생이 방황하는 3대 세계. 욕계(欲界)·색계(色界)·무색계(無色界).

23	스스로를 신이라 여긴 왕이 세운 남방형 사원	라자라자 1세 촐라 왕조 남방형 양식 브리하디스와라 사원

라자라제스와라 사원(1003~1010)

라자라제스와라
사원의 비마나

9세기 중반이 되자 타밀 지방에서는 팔라바 왕조를 멸망시킨 촐라 왕조가 패권을 잡습니다. 그리고 라자라자[1] 1세 때 전성기를 맞아 케랄라 지방과 스리랑카를 정복하고 인도 북부와 동남아시아까지 진출하여 대제국으로 발전합니다.

촐라 왕조의 수도 탄자부르의 궁전은 그야말로 영광의 중심이었습니다.

여기서 개최되는 만찬회는 왕좌 앞에 납작 엎드리는 인사로 시작되었고, 화려한 연회 음악과 식사, 무수한 무희가 등장하는 등 엄청난 규모를 자랑했습니다. 왕은 이렇게 집중된 부를 관개 사업과 학교 교육, 병원 건설 및 유지, 토지 개척 등에 써서 민중의 지지를 얻었습니다. 하지만 이 부는 대부분 군사 원정을 통해, 다시 말해 주변 지역을 약탈하여 얻은 것이었죠.

145

> **✦ '바크티 운동'이란**
>
> - 전에는 구제되기 위해 제사와 고행, 지식이 필요했지만 바크티에서는 시바나 비슈누 등 최고신에게 절대 귀의하기만 하면 된다고 함.
> - 신분, 계급, 빈부, 성별과 관계없이 신과 일체가 될 수 있으니 행위는 바크티[2]만으로 충분하다고 주장.
> - 이해하기 쉬운 교리와 모든 사람이 평등하다*는 주장으로 민중에게 인기를 끌었다. 덕분에 힌두교가 널리 전파되어 시바 신, 비슈누 신을 기리는 성지가 생겨나고 순례가 유행했다.

그러나 군사 행동을 신이나 영웅의 행위로 여긴 라자라자 1세는 자신을 '신'으로 칭합니다. 당시 바크티 운동이 한창이기도 해서 시바 신을 열렬히 신봉했던 그는 결국 자기 이름을 딴 라자라제스와라 사원*을 건립합니다. 이 사원은 나중에 이름이 브리하디스와라[3]로 바뀝니다.

이 사원은 이후 '남방형(드라비다 양식이라고도 함)'으로 불리는 건축 양식의 선구가 되었습니다.

라자라제스와라 사원은 당시 인도 최대의 사원이었고 지금도 촐라 왕조 사원 건축의 최고 걸작으로 인정받고 있습니다.

사원 구역은 광대해서 무려 350×240미터나 됩니다. 직선, 예각을 사용하여 강인함이 느껴지는 비마나의 탑은 높이 60미터 이상의 첨두형 피라미드입니다. 동선은 매우 복잡하고도 엄격해서, 사원 입구에서 비

● 어디까지나 브라만과 불가촉천민이 정신적으로 대등하다는 뜻이다. 일상생활의 카스트 법도는 지켜야 했다.

마나로 가려면 두 개의 고푸람(누문)에서 출발하여 난디(시바 신이 타는 황소)당, 열주가 늘어선 포치[4], 마하 만다파(대예배당)를 거쳐 안타랄라(전실)로 들어간 다음에야 가르바 그리하(성소)에 진입할 수 있었습니다.

앞서 소개한 해안 사원과 칸치푸람의 카일라사나타 사원(20 참조)에도 고푸람과 프라카라(둘레 벽)가 있었지만 라자라제스와라 사원에서는 이 두 가지가 대규모 건축 요소로 표현되었다는 점이 흥미롭습니다. 또, 촐라 왕조 초기의 사원에 비해 외벽의 벽감 수도 훨씬 늘어났고 장식도 화려해졌습니다. 성지에 지어진 이전의 사원들과 달리 왕국 수도의 중심지에 건설되었다는 점도 주목할 만합니다.

라자라자 1세가 사원 건축에 막대한 재정을 투입한 것은 사원의 건설, 운영, 제사 진행에 종사하는 사람들에 대한 부의 재분배이기도 했습니다. 그래서 라자라제스와라 사원은 신앙의 중심지가 되어갑니다.

사원 안의 벽화나 조각 중에는 왕을 시바 신에 비유한 것도 있었습니다. 즉, 이 사원에는 대제국인 촐라 왕조의 부와 권력뿐만 아니라 라자라자 1세의 정치적 위신과 종교적 바람이 담겨 있었습니다. 이런 점에서 이 사원은 기존의 힌두교 사원과는 질적으로 전혀 달랐습니다. 물론

마하 만다파
(대예배당)

프라닥시나 파타(요도)

링가
(시바 신의 상징)

튀어나온 만다파[5]에는
평지붕을 씌웠다.

안타랄라(전실)   가르바 그리하(성소)

평면도

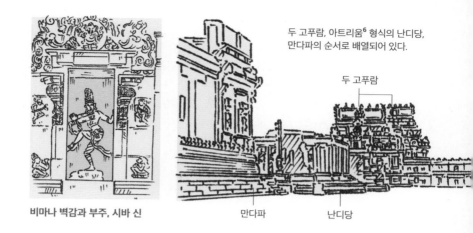

비마나 벽감과 부주, 시바 신

두 고푸람, 아트리움⁶ 형식의 난디당,
만다파의 순서로 배열되어 있다.

두 고푸람

만다파 　　난디당

무게가 80톤이나 되는 시카라를
어떻게 올렸는지 지금도 수수께끼.

부주와 벽감이 기분 좋은
리듬을 만들어낸다.

라자라제스와라(브리하디스와라) 사원
첨두형 피라미드 비마나는 남인도 최대 규모.

✦ **남방형 사원 건축의 특징**

① 비마나(본전의 남방식 명칭)의 탑 부분에는 작은 사당들을 가로로 나란히 배열하여 층을 만들거나 계단 모양으로 쌓아 수평축을 강조한다.

② 벽에는 필라스터(부주)를 달아 요철을 주고 벽 앞에 입체감 있는 조상을 놓는다.

③ 꼭대기에 시카라(남방에서는 갓돌[7]을 가리킴)를 올린다.

④ 프라카라 동쪽에 사원의 입구가 될 고푸람을 세운다.

⑤ 만다파(예배당)에는 평지붕을 덮는다.

건축적으로도 수준이 훨씬 높았지요.

같은 시기 북인도에서 번영한 찬델라 왕조도 유명한 힌두교 사원을 건립했습니다. 인도는 북부와 남부의 인종과 언어가 전혀 다른 나라인데, 건축에는 그 차이가 어떻게 반영되었을까요?

148

---

1 '왕 중의 왕'이라는 뜻.

2 신에 대한 헌신과 사랑. 또는 그것으로 구제된다는 주장과 이론.

3 Brihadisvara. '시바는 위대한 신'이라는 뜻.

4 건물의 입구나 현관에 지붕을 씌워 비를 맞지 않게 만든 곳.

5 현관처럼 생긴 구조물.

6 여러 층에 연속된 공간. 계단 홀 또는 쇼핑몰 등에서 가운데 천장을 뚫어 두세 층을 연결한 것이 대표적이다.

7 성벽이나 돌담을 비로부터 보호하려고 지붕처럼 덮어놓은 돌.

인도 조각 건축의 최고봉, 카주라호의 북방형 사원

마하데바 사원(11세기 중반)

칸다리야의
마하데바 사원 외관

뛰어난 왕이었던 하르샤(18 참조)가 사망한 후 얼마 되지 않아 바르다나 왕조가 무너지자 북인도는 작은 왕국들이 난립하는 혼란에 빠집니다. 그중 8세기에 세력을 키웠던 프라티하라 왕조°도 북인도의 패권을 둘러싸고 벵골 지방의 팔라 왕조, 데칸고원의 라슈트라쿠타 왕조와 항쟁을 거듭하다가 봉신이었던 찬델라 가문에 세력을 빼앗겨 멸망합니다.

● 중앙아시아에서 남하한 그루지야족 일파가 세운 나라. 왕국의 정통성을 호소하기 위해 자신들이 라지푸트(정통 크샤트리아의 자손)라고 주장했다. 그래서 이 시대를 '라지푸트 시대', 당시의 왕조들을 '라지푸트 왕조'라고 부른다.

이후로도 왕국들의 전쟁이 이어졌지만, 학자와 시인, 작가를 보호하는 분위기여서 문예는 발전했습니다. 모두 힌두교를 열심히 믿었으므로 사원 건설에도 앞다투어 나섰습니다.

그중에서도 카주라호 사원군은 앞서 소개한 남방형과는 다른 '북방형(카주라호 양식)'* 양식으로 지어졌습니다. 카주라호 사원군 중에서도 북방형 사원 건축의 극치를 보여주는 것이 칸다리야의 마하데바 사원(시바파)입니다.

> **✦ 북방형 사원 건축의 특징**
>
> ① 프라사다(본전의 북방식 명칭)의 탑 부분에 시카라를 리드미컬하게 쌓아 올려 전체적으로 수직축을 강조한다.
> ② 벽면에 신들과 미투나를 조각하고 필라스터(부주)는 쓰지 않는다.
> ③ 탑 형태로 된 부분을 전부 시카라로 칭한다(남방에서는 갓돌만 '시카라'로 칭함).
> ④ 카주라호 양식에서는 시카라가 포탄 모양이다.
> ⑤ 만다파(예배당)와 포치에는 경사 지붕을 덮는다.

150

동서축 위에 각 방을 배치하고 입구를 설치한 것은 힌두교 사원의 기본이지만, 높이가 3미터나 되는 테라스 위에 기단을 구축한 점이 흥미롭습니다. 돌을 수평으로 몇 겹씩 쌓아 만든 기단에서는 묵직한 안정감이 느껴집니다.

계단을 올라가 테라스에서 5미터 위에 있는 입구에 진입하면 포치→만다파(예배당)→마하 만다파(대예배당)→가르바 그리하(성소)까지 일직선으로 갈 수 있습니다.

발코니와 수평으로 뻗은 처마, 아트리움 형식의 만다파 덕분에 사원 전체의 양감뿐만 아니라 기분 좋은 리듬감과 개방감을 느낄 수 있습니다. 가장 높은 비마나 꼭대기의 시카라 높이가 31미터나 되는데 거기에

• 북방형은 아리아계 언어를 쓰는 지역에 분포하므로 범위가 매우 넓다. 북방형 양식에는 인도 중부의 카주라호 양식, 동인도의 오디샤 양식, 서인도의 사원 양식이 있다.

칸다리야의 마하데바 사원

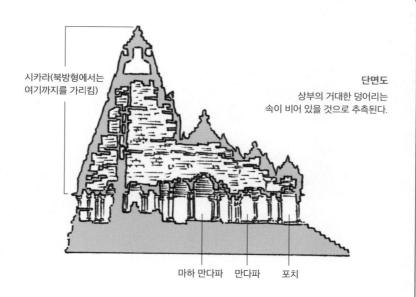

시카라(북방형에서는 여기까지를 가리킴)

단면도
상부의 거대한 덩어리는 속이 비어 있을 것으로 추측된다.

마하 만다파　만다파　포치

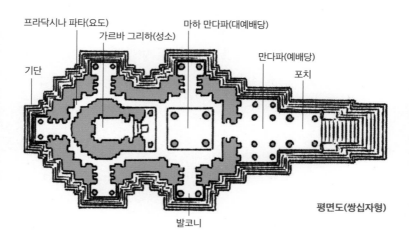

프라닥시나 파타(요도)

가르바 그리하(성소)

마하 만다파(대예배당)

만다파(예배당)

포치

기단

발코니

평면도(쌍십자형)

프라사다 꼭대기의 시카라와 신상 조각군
31미터에 이르는 시카라 덩어리.

외벽 조각
남녀의 성애를 묘사했다.

다양한 크기의 시카라 84개가 다닥다닥 붙어 있는 모습은 압권입니다. 힘차게 솟아오른 지층 같은 기단, 하늘을 뚫을 듯 이어지는 산맥 같은 시카라, 동굴 같은 발코니와 만다파 등 수많은 요소가 열십자를 두 개 조합한 쌍십자 모양의 평면에 우뚝 솟아, 서서히 높아지는 만다파의 방 및 지붕과 어우러져 절정으로 치닫는 극적인 구성입니다. 시바 신의 거처로 알려진 히말라야(카이라사)산맥을 표현하기에 이만한 건물이 없을 것입니다.

고대로부터 인도 사람들은 성애에 위대한 힘이 있다고 여겨 신격화했습니다. 시바파에서는 링가(남근)를 본존에 올리고 그 기단에 요니(여자의 음부)를 조각하여 우주를 잉태하고 조화시키는 존재들로 숭배했습니다. 카주라호 사원군 중에서도 부조와 조각상을 통한 성애의 표현이 정점에 달한 곳이 마하데바 사원입니다.

인도 조각 건축의 최고봉인 마하데바 사원과 카주라호의 사원군에는 신들의 화려한 조각뿐만 아니라 힌두 미술사상 최고의 건축 예술이 집적되어 있습니다. 격렬한 전쟁에 몰두하면서도 마음, 기쁨과 웃음, 안정, 구제, 평화를 바랐던 라지푸트 사람들의 마음이 여기에 강하게 드러나 있습니다.

앙코르 와트(12세기 중반)

앙코르 와트
비슈누 신과 수리야바르만 2세의 융합체인
파라마비슈누로카를 기리는 신전.

인도 문화 전파의 '첫 번째 파도'(22 참조)가 지나간 후인 1세기경, 오늘날의 캄보디아 지역에서 부남이라는 항구 도시가 나라를 세웁니다. 인도 문화를 받아들인 부남은 교역과 관개 농업으로 국력을 키워 500년간 번영했습니다.

6세기 중반에는 인도차이나반도 북부에서 부남을 침략한 크메르인이 진랍 왕국(캄보디아)을 건국합니다. 비석의 글귀에 힌두교의 시바 신과 비슈누 신에 대한 신앙을 기록한 것을 보면 힌두교를 국교로 삼은

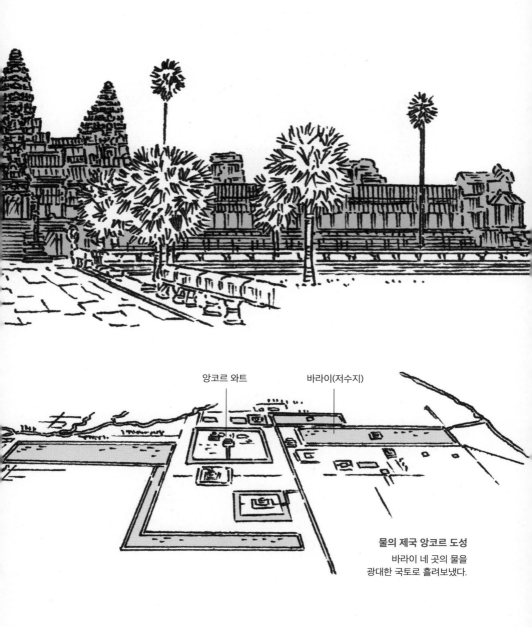

앙코르 와트

바라이(저수지)

물의 제국 앙코르 도성
바라이 네 곳의 물을
광대한 국토로 흘려보냈다.

평지식,
피라미드식
5주당형.

회랑으로
이어져 있다.

앙코르 와트
중앙 사당 조감도

✦ 크메르 건축의 기본 구성 요소

① 가람 배치[1]

사당을 중심으로 예배당, 경전당, 누문, 치수 시설이 회랑과 함께 배치된다. 원칙적으로는 모두 동서축 위에 놓인다.

평지식, 전개식

평지식, 피라미드식

언덕식, 전개식

※ 기타: 피라미드식, 산악 테라스식

② 사당 배치

주당형

3주당형

5주당형

듯합니다.

진랍은 한때 두 나라로 분열되기도 하고 자바 왕국의 지배를 받기도 했지만, 자야바르만 2세(재위 802~850년) 때 주권을 되찾아 앙코르 주변을 왕도로 정하고 앙코르 왕조를 수립합니다. 이후 왕코르 왕조는 영토를 서서히 확장한 결과 동남아시아의 약 3분의 1을 다스리는 앙코르 제국이 되어 크메르 문화를 꽃피웁니다.

이렇게 앙코르 제국이 발전할 수 있었던 것은 고도의 수리 시설로 폭우가 내리는 우기와 메마른 건기에 대비했기 때문입니다.

앙코르 지역에는 바라이라는 저수지가 네 개가 있었는데 그 관개 면적이 3만 헥타르에 달했다고 합니다. 크메르인들은 북쪽에서 남쪽으로 미세하게 기울어진 지형을 살려 저수지의 물을 광대한 국토로 흘려보

③ 구조

지붕은 부재를 조금씩 어긋나게 쌓아 올린 들여쌓기 구조.

사발형 들여쌓기 구조(우): 목조를 본뜬 기둥과 들보, 기와지붕 같은 조형도 있다.

탑형 들여쌓기 구조(좌) : 창구멍과 회랑, 기둥 연결부에는 문미(창구멍을 뚫기 위해 상부에 지르는 가로 방향 석재) 구조도 있다.

④ **구조재**: 내구성을 강화하기 위해 재료를 나무에서 벽돌, 라테라이트[2], 사암으로 바꾸었다.

⑤ **창**: 다공형[3], 슬릿형[4], 창살형을 기본으로 삼아 변형했다.

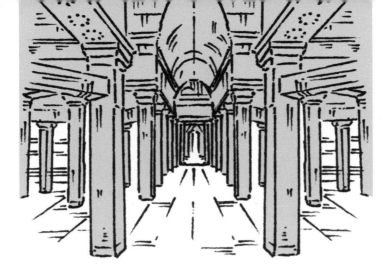

앙코르 와트의 십자형 회랑

냈습니다. 몇 킬로미터씩 이어진 논에서는 1년에 세 번씩 모내기를 해가며 앙코르 왕조의 부와 권력을 지탱했습니다. 그래서 앙코르 왕조는 12세기 수리야바르만 2세 때 전성기를 맞습니다.

이 무렵 크메르 건축의 집대성이자 최고 걸작인 앙코르 와트가 탄생합니다.

앙코르 와트의 가람 배치는 평지식 또는 피라미드식이며, 사당은 5주당[5] 형식입니다. 또, 석조의 들여쌓기로는 아치처럼 큰 공간을 만들 수 없어서 건물과 건물을 회랑으로 연결하여 여러 건물을 하나의 거대한 건물처럼 보이게 만들었습니다.

회랑은 열주와 살창[6]으로 명암의 대조를 살리면서 외부인지 내부인지 모를 오묘한 공간을 만들어냅니다. 돌이나 벽돌 구조는 무거운 인상을 주기 쉽지만 여기서는 창과 창 모양 장식, 익랑[7], 열주를 잘 배치한 덕분에 아름답고 율동적인 분위기가 느껴집니다. 특히 5주당형 사당은 매우 균형 있게 배치되어 상하 방향으로도 생기를 느끼게 해주며 '신의 산'인 수메르산(수미산이라고도 함)을 잘 표현하고 있습니다.

참배로에서 중앙 사당 쪽으로 걷다 보면 해자를 두른 메본식 치수 시설[8], 신성한 연못, 사당들이 눈에 차례차례 들어옵니다. 이 건축 요소들이 회랑 공간과 어우러져 보였다가 안 보였다가 하면서 다채로운 시각적 효과와 역동적인 공간 분위기를 전해줍니다.

이처럼 앙코르 와트는 크메르 건축의 창의적 발상을 유감없이 적용하고 기술의 한계를 넘어섰을 뿐만 아니라 국가를 번영시킨 치수 기술까지 융합한 건축물입니다.

앙코르 왕조는 이후에도 앙코르 톰(12세기 후반)을 건축하는 등 영화를 누리다가 14세기 중반에 쇠퇴하기 시작합니다. 토사가 쌓여 관개 시스템이 멈춰버린 것이 결정적 원인이었습니다. 앙코르 왕조 역시 다른 문명들처럼 자연 자원을 순환시키지 못해 소진된 것입니다. 물로 시작해 물로 끝난 캄보디아의 보물, 앙코르 와트는 인간과 자연의 관계에 대해 많은 이야기를 들려줍니다.

---

1   사찰 건물의 배치 원칙. 시대와 종파에 따라 달라진다.
2   벽돌 제작에 많이 쓰이는 적갈색 흙.
3   벽에 작은 구멍을 많이 뚫어 만든 창.
4   세로로 길쭉한 틈새 창.
5   5主堂. 사당 5개를 배치한 형식.
6   얇은 살대로 짜 만든 창호.
7   翼廊. 본 건물과 직각으로 교차된 회랑. 평면에서 날개처럼 보인다.
8   메본 사원에서 쓰인 치수 방식을 활용하는 시설.

26	이슬람을 막아낸 왕조가 만든 오디샤 양식 사원	후기 강가 왕조 나라심하 데바 1세 부바네스와르 사원군 오디샤 양식

링가라자 사원(11세기 후반)
코나라크의 수리아 사원(13세기 전반)

부바네스와르의 링가라자 사원
크고 작은 사당이 100개 이상 있으며
시카라의 높이는 45미터에 달한다.

이야기를 인도로 다시 돌려봅시다. 라지푸트 시대에는 많은 나라가 분립하고 항쟁하며 군사적으로 뿔뿔이 흩어져 있었습니다. 그 틈을 타 8세기 무렵부터 마흐무드가 이끄는 가즈나 왕조의 이슬람군이 인도로 침입했습니다. 이후 고르 왕조도 계속 원정을 시도하여 인도 북부와 중부를 점령했고, 13세기에는 동인도의 벵골 지방에 도달하여 오디샤 지방까지 넘보기 시작합니다. 이런 이슬람군을 제지한 사람이 후기 강가 왕조의 아낭가비마 데바 3세였습니다.

후기 강가 왕조[*]는 11세기 무렵부터 오디샤 남부 해안을 중심으로 세력을 강화하여 12세기부터는 갠지스강에서 고다바리강에 이르는 넓은 영역을 지배했습니다.

14세기 후반의 인도 지도

카주라호도 이슬람에게 넘어갔지만 사원과 우상은 파괴되지 않았어요! '이슬람=파괴'가 아니에요!

오디샤 지방에서는 힌두교가 7~8세기부터 융성했지만 본격적인 황금시대는 후기 강가 왕조 때였습니다. 정치적, 군사적으로는 전쟁과 분란이 끊이지 않았지만 오히려 그 때문에 오디샤 지방의 힌두 사원에서는 매력적인 조형을 자랑하는 오디샤 양식이 태어납니다.

부바네스와르 사원군은 지금도 힌두교의 1대 성지로 꼽히는 유적입니다. 그리고 그중 하나인 링가라자 사원에는 오디샤 양식이 월등한 규모로 웅장하게 전개되어 있습니다.

주 건물인 데울과 자가모한에서 이어지는 주축을 따라 만디라(무락전), 보가 만다파(공물전),[**] 사당 등 여러 건물이 추가되고 서로 강력하게 연결되었습니다.

오디샤 양식은 그 후에도 계속 진화하여 나라심하 데바 1세가 코나라크에 조성한 수리아 사원에서 독특한 형태를 선보입니다.

수리아 사원은 전형적인 오디샤 양식이지만, 기단에 놓인 열두 대의 수레와 그 수레를 끄는 말 일곱 마리는 아주 독특합니다. 《리그베다》(14

- [*] 5세기 말부터 존재했던 '동(東) 강가 왕조'와 같은 왕조로 보이지만 기록이 명확하지 않아서 판단하기 어렵다. 만약 같은 왕조라면 1000년쯤 존속한 셈이 된다.
- [**] 오디샤 지방에서는 만다파(예배당)를 '자가모한'이라 하고, 시카라(탑 부분)가 올라간 건물을 데울(고탑)이라 한다.

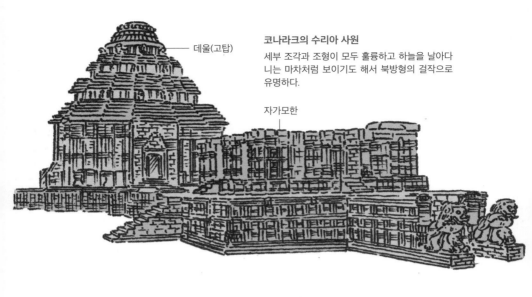

코나라크의 수리아 사원
세부 조각과 조형이 모두 훌륭하고 하늘을 날아다니는 마차처럼 보이기도 해서 북방형의 걸작으로 유명하다.

데울(고탑)

자가모한

✦ 오디샤 양식의 세 가지 특징

① 시카라가 올라간 데울(본전)과 자가모한(전전)으로 구성된 북방형 사원의 전형.

② 돌을 층층이 쌓아 깊은 고랑을 만든 지붕에서는 수평축이 매우 두드러진다.

③ 최상부에서만 곡선을 그리는 부푼 모양의 시카라와 피라미드형 지붕이 덮인 자가모한이 대조를 이룬다.

기단의 수레바퀴는 지름이 3미터나 된다.

기단에 새겨진 무희
무희의 자세가 제각각인 데다 악사들도 각자의 악기를 들고 끝없이 늘어서 있다.

참조)에 나온 태양신 수리아에게 바쳐질 공물로, 매일 하늘을 뛰어다닌다는 사실을 표현합니다. 전에 있었던 시카라가 현존하지 않는 것은 무척 유감스럽지만, 놀랍게도 무려 70미터 높이였다고 전해집니다.

대담하고도 섬세한 조각이었다고 전해지는 사원은 아름답고 풍부한 오디샤 양식의 걸작으로, 지금까지도 높고 원대한 건축적 광경을 보여줍니다.

| 27 | 자이나교 사원이
인도 건축 문화에 끼친 영향 | 바르다마나
자이나교 |

아디나타 사원(15세기)

샤트룬자야산의
산악 사원 도시

　인도 세계를 이해하는 데 불교와 힌두교만큼이나 중요한 자이나교
의 역사를 훑어봅시다.

　앞서 말했다시피 2500년쯤 전 기후가 따뜻해져 고도성장이 시작되
자 브라만교에 대한 불만이 팽배한 가운데 지식층이 세력을 넓히며 새
로운 사상인 불교와 자이나교를 탄생시켰습니다(15 참조).

　자이나교를 창시한 바르다마나는 석가와 같은 시기에 태어난 인물로
고행과 명상에 몰두하다가 깨달음을 얻었습니다. 그래서 '마하비라(위대

한 영웅)' 또는 '지나(승자)'로 불리게 됩니다. 종교명인 '자이나'도 '지나의 가르침'을 뜻합니다.

불교에서도 무익한 살생을 금지하지만, 자이나교는 불살생(아힘사)을 더 철저히 지키는 것이 특징입니다. 교도들은 불살생의 계율 탓에 농업과 목축업, 군대를 피하고 대부분 소매업이나 금융업에 종사했습니다. 이런 상거래로 얻은 부를 교단에 기부했으므로 교도 수가 적은 데 비해 사원 수가 많았습니다. 그중에 훌륭한 사원도 많아서 자이나교가 인도 건축 문화 발전에 큰 역할을 담당하게 됩니다.

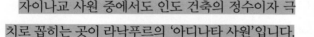

자이나교 창시자인 바르다마나 상

자이나교도
작은 벌레를 무심코 죽이지 않기 위해 입을 천으로 덮는다.

자이나교 사원 중에서도 인도 건축의 정수이자 극치로 꼽히는 곳이 라낙푸르의 '아디나타 사원'입니다.

시카라가 열주 홀로 전부 이어져 있어서 외관을 보면 굉장한 박력이 느껴집니다. 거의 60미터짜리 정사각형으로 설계된 중앙부에는 차투르무카(4면당 형식¹)인 만다파(본전)가 있고 사방으로 랑가 만다파(설교장)가 펼쳐집니다. 그리고 그 연장선상에 메가나다 만다파(높은 당)가, 대각선 사방에는 2면당이 있어서 거대한 만다라처럼 보입니다.

각각의 건물이 중정과 조합되어 있어서 천천히 돌아다니면서 햇빛과 외부 경치가 가져다주는 풍부한 표정을 즐길 수 있습니다. 압권은 3층의 아트리움으로, 머리 위의 들여쌓기 돔²과 그 돔을 지탱하는 정교한 기둥과 들보, 창구멍과 열주 사이로 쏟아지는 빛, 그리고 바람과 시선이 빠져나가는 공간이 한데 어우러져 있습니다.

라낙푸르의 아디나타 사원은 '인도 건축의 전통'이라 할 만한 3대 요

165

아디나타 사원의 돔 천장과 동량

소, 즉 조각적 건축과 석재 동량 구조, 솔란키 양식(34 참조)의 돔 공간을
고차원적으로 조화시킨 유례없는 걸작입니다.

　13세기 이전에 인도에서 사라진 불교와는 달리, 자이나교는 지금도
인도 인구의 약 0.4퍼센트(400만 명)를 신자로 두고 있습니다. 자이나교
가 이렇게 존속할 수 있었던 것은 아마 출가자와 재가자 사이의 관계가
매우 긴밀했기 때문일 것입니다. 사상이나 종교는 사람들의 생활이나

✦ 자이나교 사원의 네 가지 특징

① 힌두 사원은 '신의 집'이므로 문단속을 위해 본전(성당)의 출입구를 하나만 둔다. 한
　편 자이나교 사원은 지나가 온 세상에 가르침을 퍼뜨리는 곳이므로 사방을 틔운다.
　이런 구조를 '차투르무카'라 한다.

② 불교에서는 석조 사원을 짓지 않지만 자이나교에서는 석조 사원을 지었다(엘로라
　제32석굴 등).

③ 힌두교 성지는 대부분 물가에 있지만 자이나교 성지는 비살생의 교리를 관철하기
　위해 대부분 깊은 산속에 있다.

④ 남인도의 자이나교 사원 앞에 고대 불교의 스탐바(기념 기둥)를 세울 때가 많다.

사회에 깊이 관여하고 제도에 확고히 편입될수록 오래 살아남아 문화를 형성한다는 것을 알 수 있습니다.

라낙푸르의 아디나타 사원 외관

167

기둥과 들보의 디테일

---

1   본존상 4개가 등을 마주 대고 4면을 향해 서 있어서 사당을 4면으로 개방한 것.
2   부재를 안쪽으로 조금씩 어긋나게 쌓아 올려 만든 돔.

28	시장과 주택을 품어 도시가 된 사원	비자야나가르 왕국
		고푸람

비탈라 사원(16세기 전반)
미낙시 사원(17세기 중반)

도시로 성장한 사원(박타바찰라 사원, 15~16세기)

14세기 이후에도 이슬람의 공격이 계속되어 힌두교가 멸망할 위기에 처합니다. 그러나 남인도에 등장한 비자야나가르 왕국이 위기를 타개합니다. 데칸 지방과 타밀 지방을 정복하고 남인도 일대를 지배하는 거대 국가로 성장하더니 교역으로 번성하여 16세기에 전성기를 맞은 것입니다.

수도인 비자야나가르는 인구가 50만 명을 넘었다고 여겨지는 대도시로, 성벽 안에 사원과 왕궁이 약 60곳이나 있었고 전체 면적이 25제

곱킬로미터에 달해 로마보다 거대하다는 말까지
돌았습니다. 마을의 시장에는 보석과 천을 비롯해
온갖 탐나는 물건이 즐비했다고 합니다.

바라타나티얌
(전통무용)

왕궁 구역에서 축제가 열릴 때면 넓은 중정의 행
사장 한가운데에 신하들의 관람석뿐만 아니라 보
석으로 장식한 왕의 보좌가 마련되었습니다. 의례
가 시작되자마자 금과 다이아몬드, 진주를 걸친 무
희가 춤을 보여주었고, 남인도 전통 레슬링이 이어
졌습니다. 이처럼 호화찬란한 장치나 공연은 부와
권력을 과시하는 전형적인 수단이었죠.

카바디(레슬링)

그 영광을 눈으로 잘 확인할 수 있는 곳이 비자야나가르 양식으로 지
은 비탈라 사원입니다. 이 비자야나가르 양식의 3대 특징은 나야카 시
대*까지 계승되었고, 나중에 후기 드라비다 양식으로 발전합니다.

의외로 그 대표 격인 마두라이의 미낙시 사원은 본전 건물이 의아할
만큼 작지만, 본전 주변에 방을 여러 개 만들고 바깥에 원형 벽을 겹겹
이 둘러 규모를 확장했습니다.

그 결과 미낙시 사원은 시장과 주택 등 시민의 생활 공간까지 끌어안
은 도시로 성장합니다.

힌두교 사원은 이런 식으로 시민 생활의 중심이 되어 음악과 학예 등
의 힌두 문화를 내포하게 되었습니다.

미낙시 사원의 가장 큰 건축적 특징은 본전과는 규모나 형태가 완전
히 역전된 고푸람(누문)입니다. 외벽을 완전히 덮어버린 엄청난 수의 신
상 조각들은 굉장한 생명력으로 보는 사람을 압도합니다.

이 광대한 사원은 성산(시카라), 성소(가르바 그리하), 목욕탕, 열주 홀(숲),

169

● 나야카는 '영주'를 뜻함.

미낙시 사원의 목욕탕과 열주 홀, 고푸람

고푸람

열주 홀

목욕탕

가트(계단)

미낙시 사원의 고푸람과 조각상들
규모와 형태가 본전과 역전된 고푸람.

171   **비탈라 사원의 환상적인 기둥 조각**

인간과 동물, 무수한 신들이 존재하는 힌두교 세계를 그대로 보여줍니다.

그러나 비자야나가르 왕국은 1565년 이슬람군과 벌인 탈리코타 전투 이후 약해지다가 결국 사라져버립니다. 마우리아 왕조 이후 최초로 인도를 통일할 듯했던 이슬람 세력도 서서히 쇠퇴합니다.

그리고 서구 열강의 식민 시대가 시작됩니다.

타지마할(1632~1653)

타지마할

뭄타즈 마할

타지마할은 무굴 제국 5대 황제 샤자한(재위 1628~1658년) 이 왕비 뭄타즈 마할을 위해 아그라에 조성한 영묘입니다.

뭄타즈 마할은 황제의 14번째 아이를 출산한 후 산욕열로 38세에 사망했습니다. 후세에 길이 남을 묘를 만들어달라는 것이 유언이었으므로 황제는 사랑하는 왕비를 위해 이 영묘를 만들었습니다.

타지마할이 있는 아그라성과 요새(1568~1573년)는 무굴 제국의 3대 황

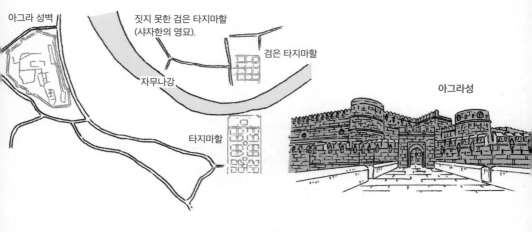

아그라 성벽

짓지 못한 검은 타지마할
(샤자한의 영묘).

검은 타지마할

자무나강

아그라성

타지마할

제 아크바르와 4대 황제 자한기르, 5대 황제 샤자한이 머무른 성으로, 붉은 사암으로 만들어져서 '붉은 성'으로 불렸습니다.

그런데 샤자한의 셋째 아들 아우랑제브가 후계자 싸움에 이긴 후 아버지를 성벽 안의 포로의 탑(무삼만 부르즈)에 유폐하고 델리로 거처를 옮겼습니다. 샤자한은 포로의 탑에서 타지마할을 죽을 때까지 바라보았다고 합니다.

울타리로 둘러싸인 큰 정원은 보통 이슬람교도에게 '사막의 낙원'을 의미합니다. 타지마할도 마찬가지입니다. 그래서 밭 전(田) 자 모양으로 구획된 길옆에 천상의 네 강을 상징하는 수로와 열주 회랑을 배치했습니다. 수로나 못에는 분수를 두어 주변의 더위가 한결 누그러지게 했습니다. 길로 구분된 구획 안에는 꽃나무와 과일나무가 잔뜩 심겨 있었다고 합니다. 19세

아그라 성 안 포로의 탑에서 타지마할을 바라보는 샤자한.

타지마할

포로의 탑

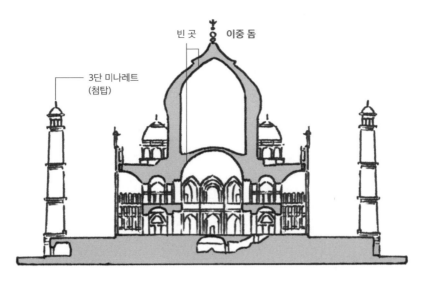

빈 곳 　이중 돔

3단 미나레트
(첨탑)

타지마할의 큰 누문

평면도

타지마할 영묘의 입구 장식

화려한 장식을 피하고 대리석의 흰색을 살렸으며
아라베스크 무늬와 부조, 투각[1]을 입혔다.

기에 영국인이 손본 결과이긴 하지만 화단과 잔디밭, 사이프러스 등 큰 나무가 만든 그늘 덕분에 쉬어가기 좋은 곳입니다.

타지마할은 무굴 건축의 집대성으로 불립니다. 높이 5.5미터의 기단, 높이 약 74미터의 돔 지붕, 기단의 네 구석에 놓인 높이 42미터의 3단 미나레트(첨탑) 등이 타지마할을 아름답게 보여주면서 사람들이 가장 안정감을 느낄 만한 절묘한 균형을 이루며 배치되어 있습니다.

---

1   묘사할 대상의 윤곽 또는 윤곽 외의 나머지 부분을 파서 구멍으로 만드는 기법.

30	르코르뷔지에가 설계한 인도의 도시	르코르뷔지에

찬디가르(1951~1965)

새로운 주도 찬디가르
히말라야산맥이 배경이 되도록
설계한 도시.

조금 갑작스럽지만 근대와 현대에 지어진 건물도 몇 군데 살펴보려 합니다(30~33).

르코르뷔지에

인도 북서부 히말라야산맥 중턱의 시발리크 구릉 지대에 찬디가르라는 도시가 있습니다.

인도는 1947년에 영국에서 독립하면서 인도와 파키스탄으로 분리되었습니다. 이때 펀자브 지방도 인도 측 펀자브주와 파키스탄 측 펀자브

주로 나뉘었습니다. 원래 펀자브의 중심 도시였던 라호르가 파키스탄 측에 있었으므로 당시 인도 수상 네루는 찬디가르를 새로운 주도로 만들기로 했습니다. '찬디가르'의 어원은 힌두교의 찬디 여신입니다.

영국령이었던 인도는 새로운 주도의 도시 계획을 미국 건축가 앨버트 메이어에게 맡기고 주요한 디자인에 관해 매튜 노비키의 도움을 받기로 합니다. 그러나 노비키의 비행기 사고로 계획이 중단되자 다음으로 선택된 사람이 근대 건축의 거장 르코르뷔지에였습니다. 당시 63세였던 르코르뷔지에는 사촌 형제인 피에르 잔느레, 건축가 부부 맥스웰 프라이, 제인 드루와 함께 설계를 계속합니다.

르코르뷔지에는 메이어의 원안을 대폭 수정하여 자신이 그리는 이상적인 도시의 구상을 포함한 기본 설계를 완성합니다. 도시는 전체적으로 격자형으로 구획되었으며 수도의 기능이 집중된 제1구획은 작

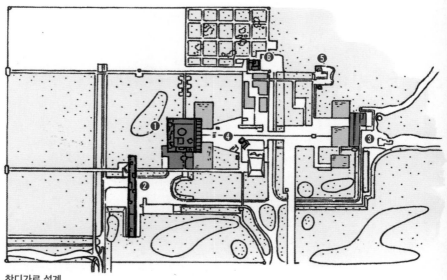

찬디가르 설계

❶ 주 의사당(팔러먼트, 1951~1964)

주 의사당 단면도

메이어는 고대 스투파(①)의 의장을
제안했고, 노비키는 파라볼라(포물선
형) 돔(②)을 제안했다. 르코르뷔지에에
는 두 제안을 참고하여 빛을 끌어들
이는 쌍곡선 구조(③)를 제안했다.

❷ 합동 청사(세크레타리아트, 1951~1958)

❸ 고등 법원(1951~1955)

❹ 그늘의 탑(쉼터)

❺ 열린 손(오픈 핸드)

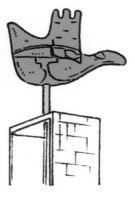

여름철 낮에는 해가 들지 않고 겨울철에는 해가 든다. 브리즈 솔레이유의 효과를 검증하려고 만든 장치라는 말도 있다.

열린 손 조형물은 평화의 상징.

❻ 주지사 관저(르코르뷔지에 설계: 미실현)

고 높은 언덕에 배치되었습니다. 제2~6구획은 약 800×400미터, 나머지 구획은 약 800×1200미터 크기입니다. 원래는 총 47개 구획이었지만 지금은 시외에도 똑같은 섹터가 더 많이 펼쳐져 있습니다. 섹터마다 '주거', '근로', '레저' 등의 기능이 할당되었습니다.

도시의 중추인 세 구획의 광대한 공간에는 주 의사당, 합동 청사, 고등 법원이 균형을 이루며 배치되어 있습니다. 르코르뷔지에는 이 공간을 카피톨로 명명했습니다. 고대 로마를 둘러싼 일곱 개 언덕 중 가장 높은 언덕이자 중요한 신전이 모여 있었던 언덕인 카피톨리노(캄피돌리오)의 이름과 르네상스 시대에 미켈란젤로가 설계한 캄피돌리오 광장의 이름을 딴 것입니다.

100×100미터 크기의 주 의사당은 바깥쪽 3면의 사무실, 그리고 사무실로 둘러싸인 공간에 열주가 늘어선 '포럼'으로 구성됩니다. 포럼에 있는 원형 대회의실과 정사각형 소회의실에는 천창의 자연광이 부드럽게 비칩니다. 대회의실에는 원래 저장고에만 쓰였던 쌍곡면 구조가 쓰였습니다. 쌍곡면으로 이루어진 윗부분을 지붕 위로 돌출시키고 그 최상부를 비스듬하게 절단하여 채광창을 단 것입니다. 이것이 공간에 극적인 개방감을 자아냅니다. 르코르뷔지에는 이 건물을 '태양에 바치는 제단'이라고 불렀습니다.

합동 청사는 길이 254미터의 직사각형 건물입니다. 입체감과 음영이 풍부한 콘크리트 건물로 역동적이면서도 예술적인 인상입니다. 정면의 브리즈솔레이유(일조 조정 장치)는 단순하고 균등한 디자인의 반복이지만 돌출된 발코니나 경사로 등이 지루함을 덜어줍니다.

고등 법원은 거대한 우산을 펼친 듯한 지붕이 특징입니다. 이 지붕이 강렬한 햇볕과 비로부터 건물을 보호하면서 지붕 밑 틈으로 최상층 테

라스에 시원한 바람을 끌어들입니다. 르코르뷔지에는 차광 시설을 갖
춘 디자인을 다양하게 개발했는데, 그중에서도 이 건물에는 강렬한 상
징성이 있습니다. 인도의 가혹한 풍토와 무거운 철근콘크리트가 서로
상충하면서 새로운 조형을 낳았기 때문입니다.

31	천재 건축가가 지은 스리랑카의 리조트	제프리 바와 스리랑카 골든 트라이앵글

헤리턴스 칸달라마(1950)

헤리턴스 칸달라마

   스리랑카가 낳은 천재 건축가 제프리 바와는 동남아시아의 열대 환경과 근대 건축을 멋지게 융합하여 현대 리조트 디자인의 기초를 만들었다고 여겨지는 인물입니다. 바와가 만년에 완성한 최고의 걸작이 바로 헤리턴스 칸달라마입니다. 스리랑카에 고대의 불교 유적이 집중되어 있어 '골든 트라이앵글'로 불리는 문화 관광 지구가 있습니다. 헤리턴스 칸달라마는 그곳을 찾는 여행자를 위한 거점 호텔로 설계되었습니다. 처음에 건축주는 스리랑카의 세계 유산인 시기리야 록 기슭에 호

텔을 지으려 했지만 바
와가 시기리야 록을 멀
리서 바라볼 수 있는 고
대 저수지 부근을 제안
하여 이곳이 선정되었
다고 합니다.

시기리야 록

대자연 속의 호텔은
돌산에 안긴 듯한 환상적인 분위기가 매우 인상적인 곳입니다. 돌산을
따라 호를 그리듯 배치된 호텔은 총 길이가 1킬로미터나 되는 두 개의
객실 동으로 이루어집니다. 접수처를 지나 거석을 도려내 만든 터널을
빠져나가면 눈앞에 저수지와 시기리야 록의 드라마틱한 전망이 펼쳐
지는 로비와 숙박 동이 나타납니다.

객실 복도는 방을 4~6개 지날 때마다 꺾이며 이어지는데, 연결부가
외부로 열려 있어 아름다운 경치를 바라볼 수 있습니다. 걷다 보면 한
쪽에는 돌산이 그대로 노출되어 있고 반대쪽으로는 다채로운 경치가

여기서는 원숭이도
방문객이지.

펼쳐지는 과정이 규칙적으로 반복됩니다.
기둥과 지붕만 있고 벽이나 유리로 가로막
히지 않아서 원숭이, 박쥐 등 야생 동물도
제집인 양 오가므로 마치 숲속을 걷는 듯합
니다. 방문객들은 끊임없이 변화하는 역동
적인 공간과 자연이 융합된 모습에 매료됩
니다.

바와는 자연을 압도하는 건축이 아니라
자연의 일부로 존재하는 건축을 지향했으

인피니티 풀

풀장의 수면이 눈 밑의 저수지와 합쳐져서 일체로 보인다. 요즘 고급 리조트의 표준이 된 인피니티 풀을 바와가 처음 고안했다.

정글과 일체가 된 건물

철근콘크리트의 프레임이 풀로 뒤덮여 정글에 녹아드니 건물의 존재감이 사라진다. 시간이 흐를수록 넝쿨식물이 건물과 뒤섞여 정글을 이룬다.

실내에서는 내부와 외부 경치의 경계를 없앴다.

테라스 앞에 심긴 넝쿨식물이 녹음이 우거진 외부 경치와의 경계를 완화한다.

여기저기 노출된 돌산

보통은 바위를 피해 건물을 짓지만 바와는 일부러 복도 한가운데에 큰 바위가 드러나도록 했다. 원래 있었던 돌산이 여기저기 노출되어 있으므로 내부에 있어도 외부에 있는 듯한 기분이 든다.

므로 바닥과 천장 등 최소한의 요소로 건물을 구성했고 실내에도 장식이나 채색을 거의 사용하지 않았으며 호화로운 마감재나 고가의 장식품도 덧붙이지 않았습니다. 건물의 형태를 중시하지 않고 자연에 녹아들어 거기에 오래전부터 존재했던 것처럼 디자인된 이 건물은 이전의 리조트 건축에 관한 상식을 뒤집었습니다.

제프리 바와

바와는 스리랑카의 부유한 가문에서 태어났다. 처음에는 아버지를 따라 변호사가 되지만 경력을 버리고 영국 건축협회 건축학교에서 유학한 후 스리랑카에서 설계 활동을 시작했다. 스리랑카라는 곳에서 서구와는 다른 교육을 받았기 때문에 동시대 건축가들과는 전혀 다른 독자적 작품을 낳았을 것이다.

이런 바와에게 영감을 받아, 아만 리조트의 창설자인 에이드리언 제차가

'아만'이라는 세계적인 호텔 체인을 설립했습니다. 전 세계 호텔의 양상을 바꿔놓았다고 평가받는 아만이지만 바와가 없이는 존재하지 못했을 것입니다.

32	한 송이 연꽃 같은 사원	뉴델리 바하이교

로터스 사원(1986)

로터스 사원 전경

로터스(연꽃)

　로터스 사원은 뉴델리에 있는 건물로, 19세기에 이란에서 탄생한 바하이교의 예배당입니다.

　로터스 사원은 건물이 연꽃 디자인이라서 붙은 이름입니다. 건물 상부에 한 겹짜리 꽃잎 9장이 3층으로 덮여 있는데, 총 27장인 이 꽃잎들은 콘크리트 재질 위에 그리스산 흰 대리석을 덮어 만든 것입니다. 1층의 꽃잎만 바깥쪽으로 열려 있고, 꽃잎과 꽃잎 사이 틈으로 자연광이 들어오는 구조입니다. 건물 꼭대기까지의 높이는 34미터입니다.

돔 내부
대리석이 깔린 장의자가 있어서 약 1300명을 수용할 수 있다.

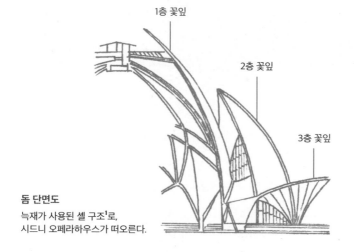

1층 꽃잎

2층 꽃잎

3층 꽃잎

돔 단면도
늑재가 사용된 셸 구조[1]로,
시드니 오페라하우스가 떠오른다.

　이 사원은 9개의 연못으로 둘러싸여 있으며, 이 연못들이 건물 내부를 식히는 역할도 합니다. 누구나 종교와 상관없이 도시의 상징이 된 이 건물의 내부를 관람할 수 있습니다.

1　곡면의 얇은 판을 지붕 등 외벽에 사용한 구조.

33	이상 도시를 상징하는 명상 공간	오로빌 골든 볼
	마트리만디르(2008)	

마트리만디르(오로빌)

마트리만디르는 환경 실험 도시 오로빌에 있는 명상용 건물로, 외관 때문에 '골든 볼'로도 불립니다.

오로빌이란 프랑스인인 미라 알파사의 주도로 만들어진 세계 최대의 생태 마을입니다. 신조와 사상을 초월하여 세계 약 60개국에서 모여든 사람들이 지속 가능한 농업을 추구하며 풍요로운 생활, 이상적인 생활을 실현하는 중입니다.

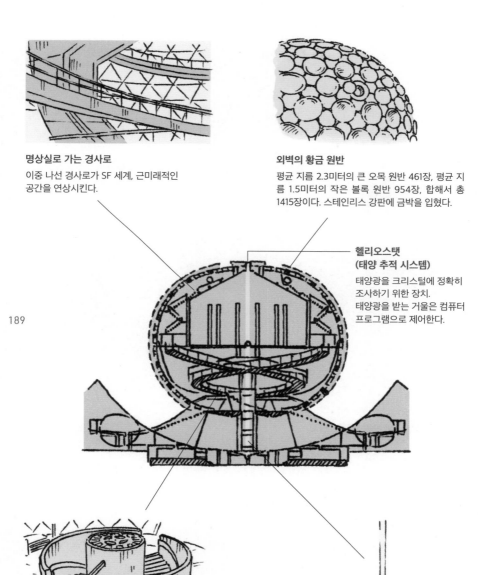

명상실로 가는 경사로

이중 나선 경사로가 SF 세계, 근미래적인
공간을 연상시킨다.

외벽의 황금 원반

평균 지름 2.3미터의 큰 오목 원반 461장, 평균 지
름 1.5미터의 작은 볼록 원반 954장, 합해서 총
1415장이다. 스테인리스 강판에 금박을 입혔다.

**헬리오스탯
(태양 추적 시스템)**

태양광을 크리스털에 정확히
조사하기 위한 장치.
태양광을 받는 거울은 컴퓨터
프로그램으로 제어한다.

경사로로 올라가는 이중 나선 계단

명상실 중앙에 놓인 크리스털.
태양광이 정확히 닿도록 헬리
오스탯이 위치를 조정한다.

34	물을 신성하게 여긴 힌두교 사원의 특징	솔란키 왕조 가트

가트(B.C. 1000 이후~)
모데라의 수리아 사원(11세기)

모데라의 수리아 사원에 있는 쿤다

　모헨조다로의 대목욕탕(14 참조)에서도 말했다시피 인도인은 고대로부터 물을 신성시했습니다. 그래서 힌두교의 종교 시설은 물가에 지어질 때가 많았습니다.

　그래서 자연스럽게 강과 호수 등 물가에 '가트'라 불리는 테라스가 만들어졌습니다. 물을 저장하는 쿤다(저수조)나 우물 등 수리 시설에도 가트가 생겼습니다. 물로 내려가기 쉽도록 계단을 설치하거나, 내세로 가는 문인 토라나를 세우기도 했습니다.

특히 기후가 건조한 서인도에서는 수리 시설이 종교 시설과 강하게 결부되었습니다. 심지어 라지푸트 왕조의 일부인 솔란키 왕조에서는 힌두교 사원과 쿤다가 일체가 되기도 했습니다. 내용을 더 충실히 보강하여 뛰어난 건물을 완성한 것입니다.

그곳은 솔란키 양식*으로 후대까지 영향을 미친 모데라의 수리아 사원입니다.

수리아 사원 안에 있는 쿤다에는 네 변을 따라 깊은 곳까지 계단이 설치되어 있습니다. 다양한 수위에 대응하기 위한 장치일 것입니다. 그러나 이 계단은 실용적이라고 하기엔 너무 많고 너무 웅장하며 너무 균형 있게 배치되어 있습니다. 여기서 가트를 힌두교 사원과 융합하려 한 의도를 엿볼 수 있습니다.

191

사람들은 쿤다에서 목욕한 후 계단 한가운데에 있는 작은 사당에서 기도했을 것입니다. 그리고 한쪽 계단으로 올라가면 바로 사바 만다파(예배당)입니다.

사바 만다파는 십자형 평면이지만 전체로는 마름모꼴을 띠는 건물입니다. 동량의 부조가 전례가 없을 만큼 섬세하며 벽감과 조각상도 수없이 놓여 있습니다. 기둥이 굵어서 더 날렵해 보이는 처마, 개방적인 열주 공간도 눈길을 사로잡습니다. 기둥 사이의 물결무늬 아치, 다변형 아치도 아주 인상적입니다.

이곳에서는 요도로 둘러싸이지 않은 가르바 그리하, 원형에 가까운 평면도 특징적이지만 가장 눈에 띄는 것이 천장의 들여쌓기 돔입니다. 석조 동량 구조를 고집한 인도 건축에서 돔 천장은 드물기 때문입니다.

태양신 수리아에게 닿을 듯한 우주적인 원형 돔, 하늘로 가는 계단을

● 기후가 건조한 서인도의 사원 건축 양식. 쿤다와 우물, 물가의 가트 등 수리 시설이 사원과 관련되어 있으며, 돔 공간이 있는 것이 특징이다.

들여쌓기 돔 천장

모데라의 수리아 사원에 있는 사바 만다파

사바 만다파의 열주
열주가 만들어낸 개방적인 공간과
장엄한 기둥의 조각.

떠올리게 하는 쿤다, 그리고 태양을 반사하는 거울 같은 신성한 물 등으로 대표되는 솔란키 양식은 자이나교 사원 건축에도 영향을 미칩니다(27 참조).

신앙을 멋지게 구현한 모데라의 수리아 사원은 오디샤의 코나라크 사원, 카슈미르의 마르탄드 사원과 함께 인도의 '3대 수리아 사원'으로 불리는 걸작입니다.

가트는 현대에도 취사나 세탁, 상거래 등의 실생활에 빠질 수 없는 장소이자 힌두교도의 목욕과 제례를 담당한 곳이고 화려하게 꾸미고 나타날 수 있는 장소이기도 합니다. 그뿐만 아니라 물 자체를 신성시하는 인도인에게 가트는 사람, 생활, 종교, 직업, 동물에 관련된 온갖 행위와 사건이 전개되는 큰 무대이기도 합니다.

193 다양한 사람을 억지로 통합하기보다 일상, 장례, 생사를 주변 풍경과 함께 느슨하게 품어 안은 세계, 그것이 인도입니다.

힌두교의 성지 바라나시의 가트

3부

사상과 원리를 중시한
중국의 건축물

중국 문명

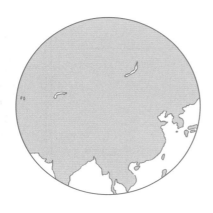

중국 세계는 중화사상 위에 성립했습니다. 중화사상이란 자신들을 문명의 중심인 화(華)로 이해하고 풍속과 문화가 다른 타자를 오랑캐(夷)로 배제하는 사고방식입니다(화이사상이라고도 함). 이것은 천자(왕)를 정점으로 한 '중앙'이 있고 그 바깥을 지방과 조공국이 둘러싸고 있으며 더 바깥으로 나갈수록 야만인 '외이'가 된다고 믿는 계층적 사상

입니다. 반대로 말해, 중국 사람들은 '외이'가 있어서 중화(중앙)를 더 의식했다는 점이 중요합니다. 사람들을 통합하는 질서가 되었던 유교, 도교, 불교는 모두 이런 중화사상 속에서 전개되었습니다.

중국 문명은 농경 세계와 유목 세계의 접점 지역인 황하 유역의 중원(황하 중류의 남부 지역. 한때 군웅이 난립했던 중국 중심부나 중국 땅 전체를 가리키기도 한다)에서 시작되었습니다. 두 세력은 자신에게 없는 물자를 구하기 위해 교역했고, 갈등을 피할 목적으로 시스템(문자)을 만들었습니다. 사람이 많아야 정보와 기술, 문화가 집적되므로 사람이 모이기 쉬운 곳이 늘 발전합니다. 그래서 탄생한 나라가 은입니다. 은 왕조는 국가의 운영과 지위, 위엄을 문자로 기록했습니다. 사람들이 '모범'으로 삼을 문명의 중심이 생겨난 셈입니다. 이후 중국은 역대 왕조를 주축으로 삼아 건축과 함께 이때의 모범을 모방합니다.

춘추 전국 시대에는 전란이 심해지자 제자백가가 등장하여 질서를 잡을 사상을 제시합니다. 기원전 221년에는 중국 최초 통일을 이룩한 진의 시황제가 자신의 통치에 제자백가의 일파인 법가를 활용합니다. 진의 전체 구조를 계승한 한은 너무 엄격한 체제를 완화하기 위해 제자백가 중 유가의 가르침을 답습합니다.

3세기가 되자 한랭화 탓에 이민족의 침입이 계속되어 세상이 혼란해집니다. 6세기에는 중국 최초의 유목민 나라인 수가 세워졌습니다. 사람들은 다음 왕조인 당이 세워질 때까지 보편적 종교인 불교를 주로 믿었습니다.

다음 왕조인 송은 북방 민족과 '전연의 맹약'[1]을 맺어 공존 체제를 구축하고 국가의 통치를 새로운 단계로 진전시킵니다.

13세기에는 강대한 군사력을 자랑한 몽골 제국(원)이 유라시아를 석권했습니다. 이때 몽골 제국의 영토는 오늘날의 중국에서 동유럽에 이를 만큼 광대했습니다. 고대 로마나 고대 페르시아를 능가할 만큼 영토를 넓힌 몽골 제국은 '세계 제국'으로 불리기에 손색이 없는 존재였습니다.

명은 오랜만에 들어선 한족의 왕조였으므로 이때 구축한 정치, 경제, 사회 시스템이 오늘날의 기초가 되었습니다. 다음 왕조인 청은 명의 시스템을 잘 계승하면서 다민족 국가를 화이일가[2] 사상으로 통합합니다. 건륭제 때 최대의 영토를 확보하지만 지나친 정복 활동이 재정 압박을 낳습니다. 그래서 청나라가 쇠퇴한 틈을 타 영국에서 아편을 투입했고, 중국은 위기에 처하고 맙니다.

중국을 이해하려면 중국이 일관성 있게 중화사상을 유지했다는 사실을 알아두어야 합니다. 건축 역시 중화사상에서 생겨났습니다. 중화사상에서 탄생한 많은 왕조와 국가, 번영한 도시, 수많은 예술품, 압도적으로 크고 호화찬란한 건물 등은 사람들을 자석처럼 끌어당겨왔습니다.

그러면 중국 건축의 현상과 원리를 역사와 함께 구체적으로 살펴봅시다.

---

1   요가 송의 전연을 포위했을 때 맺은 화친 조약.
2   華夷一家. 중화와 외이가 하나라는 뜻.

중국에서 가장 오래된
목조 건물의 흔적

허무두 유적

고상식 롱하우스(B.C. 5000경)

중국 문명 형성에
관련된 지역들

동북

화북

황하

화중

장강

화남

　　중국 세계의 기원을 알아보기 위해 호모 사피엔스가 중국 대륙에 도
달했을 무렵으로 거슬러 올라가봅시다.

　　중국에 진출한 호모 사피엔스는 황하 유역에 살며 수렵·채집 생활을
계속했습니다. 그러나 여기서도 빙하기의 혹한 탓에 인구나 집단 규모
를 확 늘리지는 못했습니다. 환경 자원에 맞추어 살아갈 수밖에 없었을
것입니다.

　　앞서 말했다시피 1만 2000년 전쯤 빙하기가 끝나고 지구가 따뜻해

✦ 수렵·채집에서 농경으로의 전환과 문화의 발생

- **기원전 8000년~**
  장강 유역에서 벼(원시 벼농사).

- **기원전 7500년~**
  황하 유역에서 좁쌀.

- **기원전 5000년~**
  개, 돼지의 가축화.
  장강에서 허무두 문화 시작.
  황하(중원)에서 앙사오 문화 시작.

- **기원전 3000년~**
  양, 소 가축화.

동물과 물고기, 태양을 표현한 조각상과 그릇이 출토된 것을 보면 자연 현상이나 생명력, 자연의 혜택을 특별하게 생각했음을 알 수 있습니다. 자연 숭배, 애니미즘 신앙이죠.

199

취사용 토기

뼈 쟁기
무논의 진흙 등을 떠내는 도구.

흙으로 만든 가락바퀴
방직 도구.

뼈로 만든 낫
농작물 수확 도구.

지기 시작하자 농경이 시작되어 인류 사회에 대변혁이 일어났습니다. 농경은 수렵·채집과는 비교도 되지 않을 만큼 안정적이고 확장성 있는 식량 획득 수단이었습니다.

중국의 장강과 황하, 요령성 등에서도 수렵·채집으로부터 농경·목축으로의 전환이 시작됩니다.˙ 그 결과 기원전 5000년경의 장강에서는 벼농사가, 황하에서는 좁쌀 농사가 시작되고 농경 취락이 처음으로 출

● 내몽골고원이나 티베트고원, 둥베이 지방 등 자연환경이 한랭하고 건조한 지역에서는 농경 생활이 자리 잡지 못했다. 또 화남 지역처럼 자연 자원(식량)이 풍부한 곳에서도 사람들이 힘든 농경에 굳이 적극적으로 도전하지 않았다.

현합니다.

그중에서도 허무두 유적에서는 중국에서 제일 오래된 목조 건물의 흔적이 나왔습니다.

발굴된 잔해나 유물로 추측하건대 이 건물은 땅에서 바닥을 높여 지은 '고상식[1] 롱하우스'였습니다. 여러 채가 발견되었지만 그중 한 채를 보자면 가로 약 23미터, 세로 약 7미터의 몸체에 전랑이 붙어 있는 길쭉한 평면입니다. 대가족 혹은 몇 가족이 한 지붕 아래 공동생활을 했을 것으로 보입니다.

출토된 바닥재의 두께나 기둥과 들보의 연결 지점을 살펴보면 거주 공간의 바닥 높이가 지면에서 0.8미터쯤 높은 곳에 있었다고 여겨집니다. 기둥 높이는 바닥에서부터 약 2.6미터입니다. 출토된 갈대발은 바닥재나 벽 마감재로 쓰였을 테고, 천장에는 이엉으로 이은 초가지붕이 덮여 있었을 것입니다. 집터 유적의 지반이 단단하게 굳어 있지 않은 것도 이 집이 고상식이었다는 증거입니다. 집터 밑의 땅속에서는 도토리 껍질, 짐승과 물고기 뼈, 토기 파편 등 생활 잔해의 흔적도 출토되었습니다.

나무 부재에 장부나 장부 구멍, 사개[2] 등을 가공한 흔적이 있는 것을 보면 기둥, 들보, 널빤지를 서로 직결하고 고정하는 기법이 쓰였음을 확실히 알 수 있습니다. 이 가공을 간단한 석기나 골각기로 해냈다는 사실이 놀라울 따름입니다. 이 합리적인 롱하우스는 놀랍게도 지금까지 똑같은 원리로 태국인의 고상식 주택으로 이어지고 있습니다.

중국에서 이렇게 농경과 건축이 시작된 후 사회 구조도 변화하기 시작합니다.

고상식 롱하우스 복원도

갈대발
발이란 갈대와 대나무 등
식물을 평평하게 엮은 것을
말하는데, 바닥에 깔거나
벽 마감재로 이용했을 것이다.

기둥과 들보의 기법
기둥과 들보의 장부, 샛목³, 짜맞춤 가공.

기술력이 엄청나네!

---

1   땅의 습기를 차단하기 위해 바닥을 높인 집. 땅에 기둥을 세우고 그 위에 집을
     짓는다.
2   자재의 모퉁이를 끼워서 맞추려고 맞물리는 끝을 들쭉날쭉하게 파낸 부분.
3   나무로 만든 못 구멍 마개. 외관을 깔끔하게 마감하거나 손상된 못 구멍을 보
     강하는 데 쓰인다.

제2지점에 있는 대형 묘

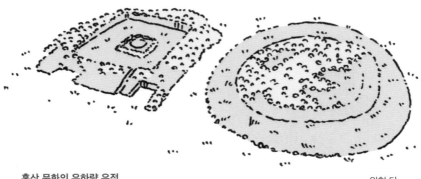

홍산 문화의 우하량 유적
제사 시설인 듯한 원형 단도 보인다.
여기서도 계층화 현상을 엿볼 수 있다.

원형 단

구석기 시대 막바지에 살았던 사람들은 혈연으로 이어진 한두 가족 단위로 모여 살았던 것으로 보입니다. 주된 거처는 동굴이었습니다(기원전 1만 년경).

신석기 시대 중기의 강채 유적(기원전 4500년경)을 보면 취락이 씨족(같은 조상에게서 나온 혈연 집단) 공동체로 이루어진 것을 알 수 있습니다. 취락의 형태는 광장을 중심으로 삼아 모든 집의 출입구가 광장으로 향하는 집중형, 구심형이었습니다. 묘지도 공동묘지 형식으로, 일족을 한곳에 모아 매장했습니다. 즉, 가족의 규모가 커져도 취락 내 사람들의 관계는 평등했던 것입니다.

그러나 기원전 4000년경부터 농업이 발달하여 식량 생산성이 향상되자 인구가 폭발적으로 증가합니다. 토기, 석기, 칠기 등을 만드는 수공업도 발전하고 세분화합니다. 사람들의 소유욕이 강해져 취락 내 대립도 일어나게 되었습니다. 평등하고 민주적이었던 씨족 사회에 격차가 생기고 귀족이나 왕처럼 특권을 가진 존재가 탄생했습니다. 궁전 지구와 일반 거주 지구가 구분되었고 석기와 보물을 가공하고 제작하는 공방, 종교 행위를 위한 구별된 장소도 만들어졌습니다. 묘에도 격차가 생겨 규모나 부장품의 양과 질에 차이가 나게 되었습니다.

종교는 어땠을까요? 홍산 문화기에는 다신교에 가까웠지만 양저 문화기부터는 조상 숭배 경향이 강해집니다. 이때부터 사회 최상위층인 귀족이 신분을 혈연으로 세습하기 시작했습니다. 종교적 권위와 군사 권력을 손에 쥔 귀족이 재산과

✦ **문화사 연표**

- 기원전 4700년~기원전 2900년경 홍산 문화(요령성)
- 기원전 3300년~기원전 2300년경 양저 문화(장강 하류)
- 기원전 3000년~기원전 2000년경 용산 문화(황하, 중원)
- 기원전 2100년~기원전 1800년경 이리두 문화(하남성)

옥그릇에 새겨진 신, 사람, 짐승의 얼굴
양저 문화. 조상을 신격화하여 숭배하기 위한 물건.

혈연으로 신분이 정해지면 통치하기 편해요. 여기서 예*가 싹텄다고 할 수 있죠.

203

● '예'란 '제도'를 일컫는 말로, 다양한 행사에서 규정한 언행, 의복, 도구를 총칭한다.

특권을 다음 세대에 물려주려면 세습과 조상 숭배만큼 편리한 수단이 없었기 때문입니다.

용산 문화기가 되자 빈부 격차는 더 크게 벌어집니다. 부유한 사람과 가난한 사람이 적고 중간층이 두꺼웠던 사회 구조는 하층의 인원이 가장 많고 상층으로 갈수록 인원이 적어지는 피라미드형 계급 사회로 변화했습니다.

하 왕조* 때로 알려진 이리두 문화(중원에 위치)의 유적에는 사회가 분화되어 일부 계층에 권위가 생겼다는 사실이 매우 뚜렷이 드러납니다.

이때 처음으로 출현한 궁전 형식의 대규모 건물과 그 건물의 기단에 주목할 필요가 있습니다. 바로 이리두 유적 제1호 궁전의 기단입니다.

이 궁전의 판축(흙을 쌓고 굳혀 토대를 만드는 방식) 기단은 높이가 무려 0.8미터이며 궁성의 길이와 폭도 각각 약 100미터나 됩니다. 궁성 주변은 높은 벽으로 둘러싸였으며 안팎으로는 회랑이 조성되었습니다. 남쪽 벽 중앙에는 대문이 있으며 그 안에 세 개의 문도(깊이가 있는 건물 출입구 통로)와 네 개의 문숙(문도 양쪽에 있는 작은 방)이 이어집니다. 문을 통과하면 많은 사람이 모여 의례를 집행할 수 있는 큰 광장이 나오고 그 앞 정면에 정전¹이 자리 잡고 있습니다. 정전은 광장 지반보다 높은 판축 기단 위에 지어졌는데 폭이 약 36미터, 깊이가 약 25미터이고 주위에 회랑이 둘려 있습니다. 이 궁전은 후대 대형 건축물들의 선구적 존재로, 위풍당당한 모습을 통해 당시 건축주의 권력과 지위를 말해줍니다.

이리두 유적에는 청동기 예기(의례 등에서 쓰이는 용기류)와 무기, 정밀한 옥그릇, 장식품 등을 부장한 묘도 포함되어 있습니다. 그런가 하면 좁고 작은 구멍 안에 시신을 안치하고 끝낸 묘도 있습니다. 이런 것을

• 　중국의 초대 왕조로 여겨진다. 창시자 대우는 황하의 대홍수 피해를 막아낸 공적으로 군주의 지위에 올랐다고 한다.

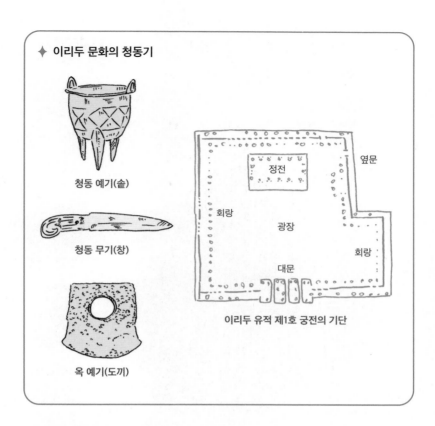

✦ 이리두 문화의 청동기

청동 예기(솥)

청동 무기(창)

옥 예기(도끼)

정전

옆문

회랑

광장

회랑

대문

이리두 유적 제1호 궁전의 기단

보면 당시 계층이 존재했던 것이 틀림없습니다.

　예기는 부의 상징이었을 뿐만 아니라 귀천과 계급을 나누고 권력자의 지위를 지키고 사회 서열을 유지하는 기능도 했습니다. 묘와 건물과 예기를 통해 '평등한 사회'가 '격차 사회'로 변하고 예법 건축이 시작(39 참조)되는 역사의 흐름을 파악할 수 있습니다.

　하 왕조 다음으로, 갑골문자로 미래를 점쳤던 은 왕조가 등장합니다. 그리고 문자가 중화사상을 형성하며 문명의 시스템으로 기능하기 시작합니다.

1　正殿. 궁궐 내에서 왕이 조회를 진행하는 전각.

은허 부호 묘(B.C. 1200경)

갑골문
소뼈에 새겨진 은 왕조의 문자.

신과 조상이
하는 말이니
틀림없을 거야!

은의 초대 왕인 탕왕
성공한다는 갑골 점괘를
받고 하 왕조에게 반란을
일으켜 승리했다.

　기원전 1600년경 중원에서는 전설로 여겨지는 하 왕조가 은(상)이라는 실재하는 왕조에 멸망합니다. 은의 실재를 증명한 것은 갑골 문자(갑골이란 소 등 짐승 뼈 또는 거북의 등딱지)였습니다. 갑골 점괘는 기원전 3000년경부터 있었지만 은 왕조의 예식에서 갑골 문자가 쓰였던 것이 유물로 발굴된 것입니다.

　예식에서는 동물의 뼈를 가열하여 금이 가면 그 금의 모양을 점술가가 해석하여 점괘로 내놓았습니다. 그리고 그 점괘가 갑골 문자로 기록되었습니다. 사람들은 신과 조상이 갑골로 의사를 전달한다고 믿고 자연 현상이나 기후 예측, 수렵이나 군사 작전의 가부 등을 주로 점쳤습니다.

갑골문을 연구한 결과 조상 숭배가 구체적으로 어떻게 이뤄졌는지도 밝혀졌습니다. 제사의 대상은 자연 현상을 지배하는 존재, 또는 자연물을 신격화한 자연신이었습니다. 거기에 은 왕조의 시조로 여겨지는 조상 신, 돌아가신 아버지를 신격화한 선친 신이

◆ 각화부호

양사오 문화기(기원전 5000년~기원전 2700년경)에도 문자 체계가 되기 이전의 부호 같은 것이 존재했다.

207

추가되었습니다. 즉 자연과 조상이 신이었습니다. 사람들은 이런 신들에게 비, 바람, 우레, 가뭄 등의 재해, 풍요와 전쟁을 지배하는 힘이 있다고 믿었습니다. 그래서 '자연재해가 없기를', '농사가 잘되기를', '병이 낫기를' 바라며 제사를 지냈습니다. 사회 집단은 이전의 씨족 단위에서 부계 동족 집단인 종족 단위로 바뀌었고, 조상 숭배와 융합하면서 규모가 커졌습니다.

하 왕조 이후 급속히 발달한 계층 사회는 더 효율적인 통치를 위해 문자 체계를 만들어냈습니다(문자란 어휘의 소리와 뜻을 기록할 수 있는 수단을 말함). 그리고 은에서 보았던 갑골 문자에서부터 최초의 한자가 생겨납니다.

덕분에 사회 질서를 강화할 목적으로 형성된 예법*이 은 왕조 이후 역사에 문자로 기록되기 시작합니다.

● 예법은 사람마다 자신의 사회적 입장을 명심하고 본분을 지켜야 한다는 사상이다. 시대가 흐를수록 복장이나 주거, 방 크기, 악기, 제사에 이르기까지 온갖 분야에 제약이 생긴다.

호북 황피 반룡성
은 왕조의 궁전 복원도(기원전 1300년경)

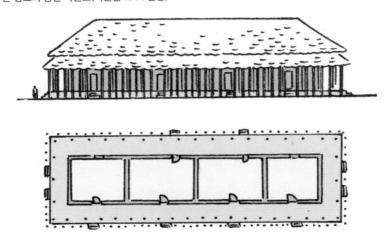

폭 40미터, 깊이 6미터로 대규모다. 두께가 80센티미터나 되는 판축 흙벽 위에 목조 지붕이 덮여 있었다. 판축 벽 주위의 기둥 흔적을 보니 처마를 길게 내서 기둥으로 지탱한 듯하다. 《고공기》(39 참조)에 '은 시대는 사아중옥'이라는 말이 나오는데 '사아중옥'이 이런 형식이었다고 추측할 수 있다.

은은 세력을 넓히며 다섯 번 이상 도읍을 옮겼습니다.

그중 기원전 1300년경에 천도한 곳이 은 왕도입니다. 그래서 상 왕조가 '은 왕조'로도 불리게 되었습니다. 비록 후세에 멸망해 '은허'[1]가 되지만 전성기 은 왕도의 인구는 무려 10만 명 이상이었다고 합니다. 이 도시에는 정치, 제사 기능을 하는 신전과 궁전, 왕묘를 중심으로 주택과 공방, 묘지가 한데 모여 있었습니다.

주목할 점은 거의 모든 건물이 흙으로 만든 판축 기단 위에 지어졌다는 것입니다. 이 유적 덕분에 은 왕조의 궁전이 이후 목조 건물과는 완전히 다른 흙 건축물이었다는 사실이 밝혀졌습니다.

건물 중에 사람, 소, 양 등이 묻힌 제사 갱이 있는 곳도 있는데, 조상

에게 제사를 지내는 종묘 같은 곳으로
보입니다.

은허에서 가장 화려하고 의미 있는
곳은 은의 왕 무정의 왕비 부호의 묘일
것입니다.

부호 묘 자체의 규모는 남북으로 약
5.6미터, 동서로 약 4미터로 작습니다.
그러나 400점 이상의 청동기, 750점
이상의 비취 그릇, 7000개 이상의 조
개 화폐가 여기서 발굴되었습니다. 특
이할 만큼 청동기 종류가 매우 풍부하
고 잘 정돈되어 있었죠.

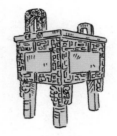

✦ **청동기 문화의 큰 발돋움**

사모무방정

현존하는 청동기 중 제일 크다.
은의 왕 조경이 어머니 부호를
기리기 위해 만든 제기.

또 부호 묘 위에서 건물 흔적이 발견됨에 따라 묘 위에 있었던 건물의
중요성도 재평가받고 있습니다. 사아중옥[2]식으로 복원된 정면 세 칸, 깊
이 두 칸짜리 건물은 아직 용도는 밝혀지지 않았지만 부호와 밀접하게
관련된 건물로 추측됩니다.

부호 묘의 청동기와 옥그릇의 기원을 살피다 보면 앞서 말한 신석기
시대의 문화까지 거슬러 올라가게 됩니다.

즉, 은 왕조는 황하 상류에서 하류까지, 장강 유역에서 동북 지방까
지 전파된 문화를 중원이라는 강력한 중심에 흡수하여 융합한 것입니
다. 은허의 궁전에서는 건축의 원초적 형태와 예기를 비롯하여 호화로
운 청동기, 찬란하고 다채로운 옥그릇, 정밀한 돌 도구, 보석, 방직 가
공품을 많이 볼 수 있습니다. 이 모든 것이 무정 왕 시대의 문명이 어떤
수준에 도달했는지 말해줍니다.

✦ 부호 묘의 발굴

은허의 거마갱

은의 도읍에서는 신이나 망자의 제물로 1만 명 이상을 바쳤다고 해. 현대에 살아서 다행이야.

출토된 부장품을 통해 은 왕조의 문화가 고도로 발달했다는 사실이 밝혀졌다.

뼈로 만든 칼

거북, 봉황이 새겨져 있다. 칼날 부분도 있으나 어디에 쓰였는지 밝혀지지 않았다.

청동 술잔

우산 모양의 기둥, 짐승 머리 손잡이가 달렸다.

방이(청동 제기)

바닥에는 부호의 이름이 새겨져 있다. 뚜껑이 사아중옥 형식의 건물을 연상시킨다. 은 왕조의 대형 궁전을 모방한 것으로도 보인다.

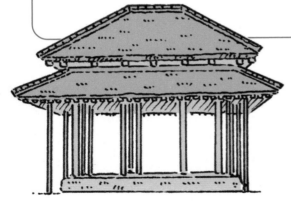

사아중옥 형식으로 복원된 부호 묘 위의 건물

이처럼 중국인이 '모범'으로 삼을 만한 문명이 중화사상이 되어 문자라는 조각도로 역사에 새겨졌습니다.

고대 역사서인 《사기》*에도 은이 멸망한 사건과 최후의 왕인 주왕이 등장합니다.

주왕은 말솜씨가 좋고 지혜와 판단력, 재능도 힘도 뛰어났던 듯합니다. 그러나 여자를 너무 밝혀 달기라는 여인을 총애한 끝에 주지육림(술로 만든 연못과 고기로 이루어진 숲이라는 뜻)에 빠졌습니다. 또 자신을 거스르는 자에게는 가차 없는 형벌을 내렸습니다.

이때 왕에게 충언한 사람이 주 왕조의 문왕이었습니다. 그래도 주왕의 소행이 잠잠해지지 않자 문왕의 아들인 무왕이 군사를 일으켜 주왕을 쓰러뜨리고 주 왕조를 세웠습니다.

211

하지만 이것은 주나라 측의 기록(《서경》 기원전 11세기~기원전 3세기)임을 알아두어야 합니다. 권력을 쥔 자는 자신을 정당화하고 정통성을 확보하기 위해 자기 업적을 찬미하고 불리한 사실을 철저히 부정하기 때문입니다. 중국의 역사서는 '천하의 정통은 하나만 존재한다'라는 관념을 일관되게 주장해왔습니다.

그러나 사실은 은도 예외가 아니어서 '우리 상(은)의 왕은 (중략) 하 왕조의 가혹한 정치를 우리의 너그러운 정치로 대신한다'라고 기록했습니다. 이후에도 모든 왕조가 문자로 기록된 정보에 큰

주왕

주지육림의 생활

영향을 받으면서 새로운 역사를 만듭니다.

500년간 이어진 은 왕조는 이웃 세력과의 전쟁, 북방 유목 민족의 압박, 심지어 한랭화가 초래한 기근까지 겹친 탓에 기원전 1023년(기원전 1070년 등 여러 설이 있음)에 망합니다.

그리고 다음으로 패권을 쥔 주 왕조는 '상주 혁명'으로 불리는 사회적, 문화적 변혁을 일으킵니다.

---

1   '은나라의 폐허'라는 뜻.
2   四阿重屋. 네모난 지붕으로 덮인 2층 건물.

서주의 종묘 유적(B.C. 1100경)

예식용 식기 강후궤

　주 왕조는 영역을 해안 쪽으로 넓혀 화북 전체를 지배하기 시작합니다. 도읍은 황하의 요충인 성주(낙양)에 두었습니다. 주가 실현한 큰 변혁 중 하나는 인간의 지식을 넘어선 우러르는 신으로서 '하늘'이라는 관념을 창출한 것입니다. 은에서 자연과 동일시되었던 조상신이 주에서는 명백히 분리된 것입니다. '하늘'이란 사람의 수명과 길흉, 정권 교체에도 영향을 미친다고 여겨지며 사람들에게 공경을 받았습니다. 그래서 천명(하늘에서 지상을 통치하는 권한을 내리는 것)을 받은 천자(왕)에게만

213

하늘을 기리는 권한이 있다고 믿었습니다. 이 천명사상은 황제의 권력 세습과 지배를 정당화하기 위해 19세기 이전까지 계속 활용되었습니다.

한편 주는 은의 문화를 잘 흡수했습니다. 어떻게 생겨나 어떻게 전파되었는지 명확하지 않지만, 한자도 어느새 은 후기에는 문자로 자리 잡았고 주가 그것을 계승합니다. 주는 거푸집을 활용해 청동기에 글씨를 새기는 비밀 기술도 그대로 계승하고 독점합니다. 이 기술로 만든 물건을 제후들에게 나눠주었으므로 왕조의 권위가 더욱 강해졌습니다. 주는 은에 대한 제사를 거부하면서도 기술은 충실히 받아들인 것입니다.

그리고 이 시대에 중국 역사상 가장 중요한 종묘가 조성됩니다. 주원의 서주에 있는 종묘 유적입니다.

이곳이야말로 4000년의 중국 역사를 간직한 집이고, '사합원'의 원형이자 최초의 실제 사례입니다.

214

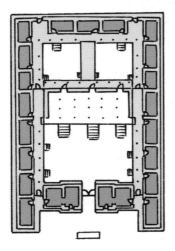

주원에 있는 서주 종묘 유적

사합원은 기본적으로 동서남북으로 건물 네 채를 배치하여 중앙의 중정을 둘러싸는 형식입니다. 가장 큰 특징은 건물 수를 포함한 기본 단위를 증감시켜 다양한 장소와 계층을 완성한다는 것입니다. 이것이 무슨 뜻일까요?

사합원은 원칙적으로 남쪽을 바라본 뒤(북쪽이 뒤가 됨) 주변에 높고 견고한 벽을 둘러 세운 구조라고 생각하면 됩니다. 남쪽 벽의 동쪽에 나 있는 대문을 통과하여 왼쪽으로 나아가면 손

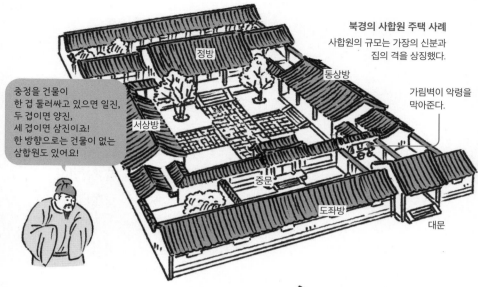

북경의 사합원 주택 사례
사합원의 규모는 가장의 신분과
집의 격을 상징했다.

정방

동상방

서상방

가림벽이 악령을
막아준다.

중정을 건물이
한 겹 둘러싸고 있으면 일진,
두 겹이면 양진,
세 겹이면 삼진이죠!
한 방향으로는 건물이 없는
삼합원도 있어요!

중문

도좌방

대문

님이나 문지기, 하인이 머무는 도좌
방(사랑채)이 나타납니다. 도좌방 앞
뜰 중앙에 수화문(중문)이 있지만 일
반 손님은 이 문을 통과할 수 없습니
다. 대문에서 수화문까지가 바깥뜰
이고 수화문 안쪽이 사적인 안뜰이
니 수화문이 안팎의 경계가 되는 셈입니다.

수화문(중문)

   안뜰 정면의 정방이 가장 중요한 곳으로, 가운데 한 칸은 선조의 위
패를 기리는 사당이 되고 좌우 양쪽은 가장인 조부모나 부모가 기거하
는 방이 됩니다. 때로는 관혼상제를 치르는 공간이 되기도 합니다.

   이처럼 사합원은 자신의 지위를 중시하는 예법과 종족 제도에 부합
하는 건물입니다. 외부로는 폐쇄성을, 반면 내부로는 개방성을 단계별

로 계층화하여 깊이감을 만드는 구성이 바로 사합원의 원리, 즉 중국 건축의 근원입니다.

중국 건축을 제대로 이해하려면 주택, 궁전, 능묘(40 참조), 사찰(45 참조), 공묘[1](41 참조), 자금성(39 참조)에까지 이 사합원 원리가 적용, 응용되어 있다는 사실을 기억해야 합니다.

주 왕조는 토지를 가신에게 나눠주고 지방의 통치를 맡기는 봉건제를 통치 시스템으로 선택했습니다. 유럽의 봉건제와 다른 점은 혈연이 매개였다는 것입니다. 그러나 세습 제후와의 혈연관계는 시간이 지남에 따라 희박해졌습니다. 적자와 서자 사이의 후계자 싸움도 빈발했습니다. 사람들을 통합했던 종족 시스템은 이렇게 붕괴하기 시작합니다.

---

1   孔廟. 공자를 기리는 사당.

자금성 오문
오문은 최고급 형식의 정문.

주 왕조의 12대 왕인 유왕 때 후계 구도에 불만을 품은 한 제후가 유목 민족(견융)과 손을 잡고 반란을 일으켰습니다. 심각한 피해를 본 주 왕조는 도읍인 호경을 버리고 동쪽의 낙읍으로 천도합니다. 이렇게 동쪽으로 천도한 이후의 주 왕조를 동주(기원전 770년~기원전 256년)라 하고 이전의 주 왕조를 서주(기원전 1050년~기원전 771년)라 합니다.

천도 이후에도 존왕양이(한족의 왕조를 높이고 주변 이민족을 치는 것)를 통해 동주의 위엄은 유지되었습니다. 그러나 제후들이 강대해지자 주 왕조나 주의 예법을 무시하기 시작합니다. 그리고 각자의 패권과 존속을 걸고 각지에서 치열한 싸움을 거듭합니다. 약육강식과 폭력으로 물든 난세가 이때부터 500년 이상 이어집니다. 춘추 전국 시대가 시작된 것입니다(지금은 기원전 772년~기원전 481년을 '춘추'로, 기원전 475년~기원전 221년을 '전국'으로 나눌 때가 많음).

그러나 연속된 싸움과 경쟁은 오히려 눈부신 기술 혁신과 생산력 향상, 산업 구조 진보를 가져옵니다. 그 흐름을 구체적으로 살펴봅시다.

✦ 철제 기술의 등장

철제 갑옷
갑옷이 가죽에서 철로 진화했다.

철제 보습
소가 끌어 흙을 일구는 괭이.

218

우선 세계 최초로 제철 기술이 발명되어 전쟁과 농업에 변혁을 일으킵니다. 전쟁에는 이전의 청동보다 예리한 무기(철기)가 대량으로 필요했습니다. 수요가 많다 보니 고온을 견딜 수 있는 화로가 만들어졌고 철기의 품질과 생산량이 현격히 향상되었습니다. 무기, 방호구도 크게 진화하여 병사의 종류가 다양해졌고 군사력도 강해졌습니다.

제철 비용이 저렴해지자 가래와 낫, 괭이 등 농기구도 철제로 바뀌었습니다. 철

청동기에서 화려하고 간편한 칠기 (옻그릇)로 변화하였다.

제 농기구를 쓰니 이전에 힘들었던 황무지 개간도 훨씬 쉬워졌고 농작물 수확량도 늘었습니다. 게다가 대형 관개 시설도 건설할 수 있게 되어 농업이 더욱 안정되었습니다.

철기가 보급되고 과학 기술이 진보하니 수공업의 생산 수준도 대폭 높아져 피혁 가공, 칠기, 제염 등 신흥 산업이 속출합니다. 점점 부유해진 귀족들은 고급스럽고 화려한 장식품을 앞다투어 사들였습니다.

서주는 중농억상(농업을 중시하고 상업을 억제하는 것) 정책을 펼쳤지만 춘추 전국 시대의 왕실은 부국

♦ 춘추 전국 시대

귀족의 장식품   원전[1]
가운데 구멍에
끈을 넣어 꿰었다.

제자백가

예에 기반한
생활 규범이
중요하지!

충의, 예절,
전통, 조상을
존중하도록!

공자

강병을 위해 상업을 장려했습니다. 그뿐만 아니라 수로와 육로를 개발하고 시장도 개방했으므로 상업이 번영했고 상인 계급과 금속 화폐도 탄생했습니다.

중앙집권적 지배 체제가 무너지고 사회 구조가 크게 변하다 보니 세상이 극도로 혼란해졌지만 오히려 혼란 속에 많은 사상가들이 등장해 국가와 정치, 산업, 사상의 바람직한 모습을 담은 이론을 전개했습니다. 이들을 제자백가라고 하며, 이때 학술과 사상 활동이 매우 왕성한 모습을 백가쟁명이라 합니다. 제자백가 중에도 특히 중요한 공자는 예에 기

반한 도덕 철학을 제창하고 《논어》, 《예기》 등으로 예법을 정리하여 중화사상과 중국 건축을 일관하는 원리를 더욱 강화했습니다.

춘추 전국 시대에 편찬되었다고 여겨지는 《고공기》*에는 이상적인 도성의 평면이 예법의 모범으로 나와 있습니다. 그 도성은 한 변이 9리**인 정사각형에 각 변에는 성문이 세 개씩 나 있다고 했습니다. 그러나 진나라 이전 시대까지 포함해도 그때까지는 이 이상에 딱 들어맞는 성이 없었습니다.

전한 시대가 되면 드디어 이런 평면이 장안성(45 참조)에서 실현됩니다. '전후좌우 대칭'의 평면과 정사각형 벽, 높은 기단 등의 특징도 나타납니다.

전한의 장안성에 있었던 예법 건물 명당벽옹² 복원도

하늘은 둥글고 땅은 네모꼴이라는 당시의 생각(천원지방)을 상징하는 형태.

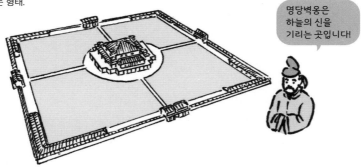

명당벽옹은 하늘의 신을 기리는 곳입니다!

- 《주례》의 동관 중 한 장으로, 중국 최초의 기술 교본으로 꼽힌다. 《주례》는 주 왕조의 관제를 재구성한 책으로 천관, 지관, 춘관, 하관, 추관, 동관으로 분야를 나누어 관리의 소임을 설명하고 있다. 또 《예기》, 《의례》와 함께 '3례'로 불리는 예의 기본서인데, 참고로 《예기》는 유가의 이론을 다룬 책, 《의례》는 예를 실행하기 위한 형식을 기록한 책이다.

- 주 왕조에서 수 왕조까지는 300보를 1리로 계산했다. 당 이후에는 360보가 1리가 되었고 현대에는 400미터를 1리로 계산한다.

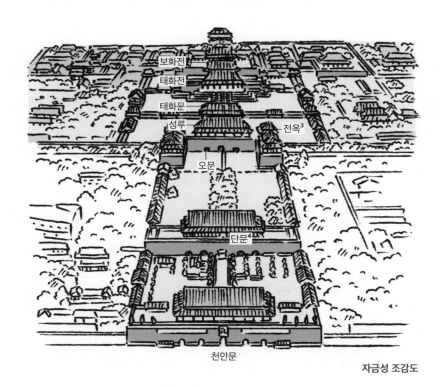

자금성 조감도

시대가 흘러도 변함없는 예법 건축의 원리는 유구한 중국 역사에서 최고로 꼽히는 자금성에서 가장 잘 확인할 수 있습니다.

자금성이 어떻게 예법을 지켰는지 차근차근 살펴봅시다.

중심축 위에 있는 오문(남문, 정문, 대문)은 폭 아홉 칸짜리 성루의 양쪽에 폭 세 칸짜리 건물을 단 문(門) 자 모양의 궐문으로, 중국 고대의 대문 중에서도 최고급 형식입니다. 오문으로 들어가면 면적이 2만 6000제곱미터나 되는 광장이 나옵니다. 광장 한가운데에 있는 금수하는 '양호한 자연환경이 평안을 가져온다'라는 배산임수의 사상으로 만들어진 수로입니다.

그 앞의 태화문으로 들어가면 나오는 전조(정무의 장) 내에 궁성에서 가장 중요한 태화전이 자리 잡고 있습니다(전조의 나머지 두 곳은 중화전과 보화전). 태화전은 황제의 옥좌가 있는 곳이자 황제의 즉위나 식전, 칙서 (황제의 명령을 전달하는 문서) 공포, 의식 등이 이뤄지는 곳입니다.

이 태화전은 중국에 현존하는 고건물 중 규모가 가장 큰 목조 건물입니다.

폭이 11칸(약 60미터), 깊이가 5칸(약 33미터), 높이는 약 35미터, 기단은 3단(약 8미터)인 태화전은 장식과 색채, 지붕 형식 등도 전부 최고 수준

✦ **지붕의 형태(신분에 따라 결정)**

현산식	헐산식	무전식
하급 관리, 서민	관리	황제의 궁전

중국에서는 예법 건축이 절대적인 통일 양식이었다. 따라서 예법 건축의 원리나 규범을 적용한 다음에 신분(건물의 등급)에 따라 형태나 규모, 높이, 장식 등이 정해졌다.

✦ **예법 건축의 규범, 요구**

· **도시 등급:** 황제의 왕성, 제후의 도읍, 종실의 도읍.
· **성루 높이:** 왕성은 9척, 제후의 도읍은 7척, 종실의 도읍은 5척.
· **길 너비:** 왕성으로 가는 길은 9기(수레 9대 길이), 제후의 도읍으로 가는 길은 7기, 종실의 도읍으로 가는 길은 5기.
· 궁전과 능묘 등은 규모가 크고 높을수록 계급이 높다.
· 건물의 등급별로 폭과 깊이, 지붕 형식, 장식 모양 등이 정해져 있다.

예법 건축의 최고 등급 기준을 따른 자금성 태화전

으로 구성되어 있습니다. 후침(생활 공간)에도 세 개의 대전이 있는데, 예법에 등급이 낮게 정해져 있으므로 기단을 1층만 올리고 뜰도 전조보다 좁게 하여 위엄과 화려함을 억제했습니다.

태화전 내부

공자는 '주는 은의 예, 은은 하의 예를 따라야 한다'라고 말했습니다. 자금성의 전형적인 구성인 전조와 후침도 역대 궁성의 배치를 따른 결과입니다. 그뿐만 아니라 춘추 전국 시대 이후의 '건물 높이보다 기단 높이를 중시하는 원칙'도 지켜졌습니다.

자금성은 여러 건물로 중정을 둘러싸는 사합원 형식(원락 형식이라고도 함)의 단위를 일관성 있게 연속시켜 규모를 최대로 키운 궁성이기도 합니다.

도읍 전체는 황제의 권력을 상징하는 남북 축을 따라 건물 등이 좌우 대칭으로 배치되어 있고 주요한 시설들은 상서로운 방위인 남쪽을 향하고 있습니다.

이처럼 자금성은 역대 조상의 건축과 예법의 등급, 규정, 나아가 음양오행 사상까지 융합시킨 '중화사상의 표출 그 자체'라 할 수 있는 걸작입니다.

> **✦ 자금성 건축에 적용된 음양오행설**
>
> **색은 청, 황, 적, 백, 흑의 5색**
> → 궁성 지붕 색(유리 기와)은 농업 사회에 가장 중요한 흙색인 황색.
>
> **앞은 양, 뒤는 음**
> → 전조(정무)와 후침(침실).
>
> **홀수는 양, 짝수는 음**
> → 전조의 대전은 세 곳, 후침의 궁전은 두 곳.
>
> **양의 수는 9가 최고, 5가 중간**
> → 9는 황제를 상징하는 수, 전조의 대전과 기단의 종횡비가 9:5.

후세에 지대한 영향을 미칠 공자였지만, 당시에는 받아주는 곳이 없어서 여기저기 떠돌아다녀야 했습니다. 새로운 사상이 사람들에게 받아들여지려면 시간이 필요한 법입니다.

그리고 황폐한 춘추 전국 시대를 끝내고 중국 전역을 통일할 인물이 드디어 나타납니다.

1 　圓錢. 중국 전국시대에 주나라가 주조하고 유통한 청동 화폐.
2 　明堂辟雍. 서주 시대 이후에 설치된 고등 교육 기관.
3 　殿屋. 궁내 건물의 총칭.
4 　端門. 정전의 정문.

40	진시황릉에 숨겨진 비밀 공간	시황제 병마용갱 만리장성
	진시황릉(B.C. 246~B.C. 209경)	

만리장성(전국시대 말기~명나라)

전국시대 말기(진, 한, 위, 조, 연, 제, 초)의 무한 경쟁에서 마침내 진이 승리하여 중국 최초로 천하를 통일합니다. 진의 강한 힘은 법가 사상에 기초한 통솔력에서 나왔습니다. 법가는 사람의 이기심을 억제하기 위해 개인 활동을 엄격히 제한하고 '법을 지키는 것이 가장 중요하다'라고 주장했습니다.

통일 왕조 진의 초대 왕은 천하를 얻은 자신에게 어울리는 호칭이 필요하다고 생각하여 '황제'라는 새로운 호칭을 만들고 스스로 첫 번째

황제, 즉 시황제가 됩니다.

진의 시황제는 정교한 통치 시스템으로 광대한 중국을 통합했습니다. 우선 봉건제를 없애고 황제를 정점으로 한 관료제, 군현제를 시행했습니다. 농민에게는 토지를 주는 대신 토목 건설 사업에 참여할 의무를 지웠습니다. 이 방대한 노동력으로 만든 도로나 운하 등 인프라 시설이 군현제와 거대한 병참을 지탱했습니다. 시황제는 또한 전국시대부터 있었던 장성을 기반으로 끝이 없는 만리장성을 구축했습니다.

그리고 거대한 묘를 만드는 전국시대 진의 전통을 따라 즉위 직후부터 능묘(천자나 군주의 무덤)를 구축했습니다. 그것이 바로 진시황릉입니다. 1974년에 이 진시황릉 동쪽 근교에 있는 병마용갱이 발견되어 전 세계가 떠들썩해집니다.

이 시대 사람들은 죽으면 영혼은 하늘로 올라가고 몸은 땅으로 돌아간다고 믿었어요. 그러나 시황제는 볼로볼사에 집착했지요.

엄청난 병마용이 가득 찬 병마용갱 1호갱
6000개 이상의 실물 크기 병마용과 100대 이상의 전차가 전투 진형으로 서서 동쪽을 바라보는 모습은 압권이다.

병마용의 뛰어난 사실성
모든 병사의 모습이 제각각 다르다.

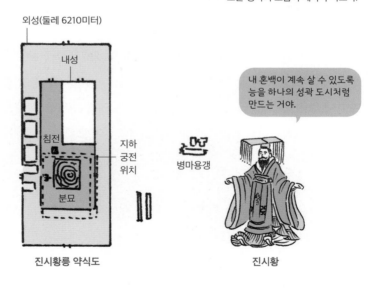

외성(둘레 6210미터)

내성

침전

지하 궁전 위치

분묘

병마용갱

내 혼백이 계속 살 수 있도록 능을 하나의 성곽 도시처럼 만드는 거야.

진시황릉 약식도

진시황

예로부터 조상을 기리는 종묘는 있었지만, 제사를 지내는 사당을 앞쪽에 두고 고인이 생전에 쓰던 생활용품 등을 갖춘 침실은 뒤에 두는 것이 보통이었습니다. 그러나 시황제는 자신의 능묘 곁에 침실을 두어 혼백이 자유롭게 생활하도록 했고 제사도 거기서 지내게 했습니다(능침제도). 또 시황제는 능묘 밑에 사후에 자신이 살 거대한 지하 궁전까지 건설했습니다. 왜 이런 일을 했을까요?

시황제는 생전에 몇 번이나 암살당할 뻔하여 불로불사에 집착했으므로 사후에도 혼백이 묘실 안에서 계속 산다고 믿었던 것입니다. 그래서 시황제는 능은 삼중 성벽으로 둘러싸고 함정을 만들었으며 셀 수 없이 많은 사람을 순장시켰습니다. 심지어 건설에 종사한 기술자들까지 능의 비밀을 폭로하지 못하게 하려고 가둬버렸습니다.

우주와 은하를 형상화한 지하 궁전은 귀한 부장품과 보물로 가득합니다. 그 극단적인 예가 대량의 병마용*이 있는 병마용갱입니다. 더 현실적으로 자신을 지키고 싶은 시황제의 간절한 마음이 병마용의 철저한 사실성에 드러나 있습니다.

유례를 찾기 어려울 만큼 강대한 중앙 집권 체제를 완성하고 황제에게 모든 권력을 집중시킨 것은 위대한 문명의 성과라 할 수 있습니다. 그러나 강권을 통한 급격한 개혁은 가혹한 노역과 수많은 희생을 낳았습니다. 그 결과 시황제가 죽자마자 반란이 일어나 진은 불과 15년 만에 멸망하고 말았습니다.

● 흙으로 빚어 구운 병사와 말 모형.

| 41 | 중국에는 건축물에도
계급이 있다?

곡부의 공묘(B.C. 478) | 한 왕조
무제
실크로드 |

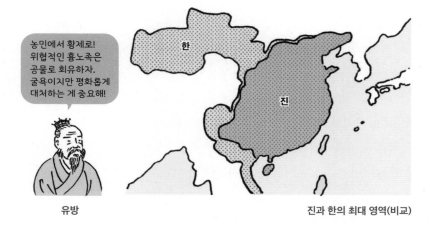

농민에서 황제로!
위협적인 흉노족은
공물로 회유하자.
굴욕이지만 평화롭게
대처하는 게 중요해!

유방

진과 한의 최대 영역(비교)

무너져가는 진의 숨통을 끊고 항우와의 싸움에서 승리한 유방이 한 왕조를 수립합니다.

한은 진이 만든 제도와 인프라, 기술을 이어받으면서도 그것을 사회 상황에 맞춰 수정하여 활용했습니다. 그 결과 중국사상 1, 2위를 다투는 장수 왕조가 되어 400년 이상 존속*하며 로마 제국보다 넓은 영토를 지배했습니다.

● 신(9~24년)이 끼어들어 한 번 중단되었다. 그래서 전한(기원전 202~8년)과 후한(25~220년)으로 나뉜다.

실크로드

한이 통치력과 경제적 번영을 겸비한 황금시대를 어떻게 실현할 수 있었는지 알아보기 위해, 중국사의 위대한 군주이자 전한 제7대 황제인 무제의 업적을 먼저 살펴보겠습니다.

무제는 영토 개척과 치수에 힘썼으며 소금, 철, 술 사업을 국가가 독점하도록 해 수익을 올렸습니다. 계속 애를 먹였던 북방 유목민인 흉노족도 무제가 국력을 키워 만리장성 북쪽으로 쫓아냈습니다. 흉노와의 대결을 위해 둔황의 대월지와 동맹을 맺으려고 장건을 사절로 파견하기도 했습니다. 교섭은 실패했지만, 서역을 보고 돌아온 장건 덕분에 실크로드가 열렸습니다. 이후 중국은 지중해 세계와 거래하며 비단 제품으로 로마의 부유층을 열광시켰습니다.

한의 수도였던 장안은 이 실크로드의 동쪽 종점이었으므로 더욱 발전하여 중요한 국제도시로 성장합니다.

무제는 진에서 이어받은 엄격하고 비정한 정치 체제를 완화하는 일에도 힘썼습니다. 그래서 사람들을 통합하는 사상으로 도입한 것이 공자의 제자들이 필사적으로 지킨* 유학이었습니다. 유학은 각자에게 주어진 군주, 대신, 아버지, 자식 등의 역할을 받아들여야 균형 있는 사회가 실현된다고 가르치므로

> 한 왕조 때 종이가 발명되었어요. 환관인 채륜이 널리 보급했죠!

> 유럽에는 1000년 뒤에야 제지 기술이 전파됩니다.

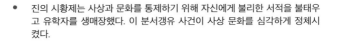

제지 기술의 발전

---

* 진의 시황제는 사상과 문화를 통제하기 위해 자신에게 불리한 서적을 불태우고 유학자를 생매장했다. 이 분서갱유 사건이 사상 문화를 심각하게 정체시켰다.

✦ 공자가 가르친 유학 사상

• 조화, 덕, 관용이 원칙이다.

• 사람들이 타자(특히 윗사람이나 연장자)를 사랑하고
공경하고 선을 행하고 전통을 중시하려면 '예'(예절,
예의, 의식)와 '인'(인도적인 행위)이 필요하다.

제자들이 정리한
공자의 사상과 가르침이
《논어》입니다.

따라서

① 부모와 자식, 형제, 군신 등의
상하 관계 질서가 국가를 안
정시킨다.

② 군주는 '덕'으로 좋은 정치를
한다.

③ 가신은 '예'를 행동으로 드러
낸다.

공자

유가(제자들)

지배자에게 바람직한 교의였을 것입니다.

인도적인 유학의 영향으로 혈통이 아닌 능력에 기반하여 평민을 관
료로 채용하는 시책도 추진되었습니다. 또, 학문을 중시하여 학자들이
사회 상위를 차지하게 되었습니다. 정부 정책을 비판할 수 있도록 허용
한 것도 주목할 점입니다.

그래서 한 왕조는 후한 시대부터 공자를 기리는 공묘를 건립하기 시
작합니다.

공묘의 총본산은 기원전 478년부터 있었던 곡부의 공묘였습니다.

그러나 현존하는 곡부 공묘의 건물 대부분은 명대에 추가되고 청대
에 수리된 것입니다. 명대에 화재로 건물이 대부분 소실되어 재건축되
었고 그것을 청대에 수리했기 때문입니다.

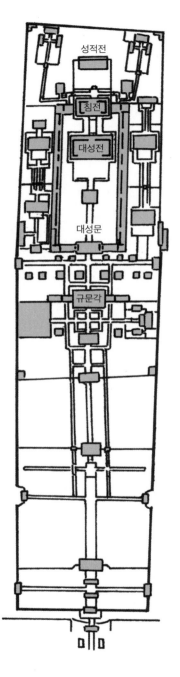

성적전

침전

대성전

대성문

규문각

곡부 공묘의 전체 면적은 10헥타르에 달하며 남북, 동, 중, 서의 네 방향으로 기본 단위가 되풀이되는 구조입니다. 즉 중국 건축에 공통으로 적용되는 사합원 형식(38 참조)의 연합체입니다.

전체를 관통하는 중심축 위에 현의 성벽 남문인 앙성문, 사당 남문인 영성문, 증서를 보관하는 규문각, 정문인 대성문, 공자의 강의당 터로 여겨지는 행단, 정전인 대성전, 공자의 부인을 기리는 침전, 공자의 고사를 전하는 성적전이 쭉 이어집니다.

232

자금성과 마찬가지로 폐쇄적인 중정들이 이어지며 안으로 갈수록 중요한 건물이 나오는, 압도적으로 계층적인 공간입니다.

대성전은 많은 공묘 중에서도 최대 규모로, 동서 길이 약 54미터, 남북 길이 약 34미터, 높이 약 31미터에 건축 면적이 약 1836제곱미터나 됩니다. 흰 돌로

곡부의 공묘는 국가가 관여하기 시작한 기원전 478년에 건립되어 여러 번의 수리와 증축을 거쳐 지금까지 2000년 넘게 공자를 기리고 있습니다.

곡부의 공묘 배치도

곡부의 공묘 대성전

건물에 계급이
있다니…

대성전의 돌기둥에 조각된
용과 구름

된 2층 기단의 전면에 넓은 월대[1]를 설치하여 의식에 참석하는 사람들이 머무를 수 있도록 한 것도 자금성 등의 궁성과 똑같습니다.

건물 전면의 모든 돌기둥에는 용 두 마리와 구슬과 옥, 구름이 중후하게 조각되어 있습니다. 용과 구름 장식은 본래 천자의 전유물이므로 여기서 공묘의 특별함을 엿볼 수 있습니다.

지붕은 자금성 태화전(39 참조)의 우진각 지붕[2] 다음으로 급이 높은 이중 팔작지붕[3]입니다. 기와는 태화전과 같은 황색 유리 기와이므로 공묘가 얼마나 고귀한 장소인지 알 수 있습니다.

건축 규모나 형태, 장식, 구조 등 다양한 요소에 계급을 매기는 것이야말로 상하 관계를 중시하는 예법과 결합한 중국 건축의 원리 원칙일 것입니다.

그리고 중국 사람들은 한 번 정통성을 인정한 것을 철저히 답습합니다. 이 특징을 알아두기만 해도 중국 건축을 이해하기가 훨씬 쉬워질 것입니다.

---

1   月臺. 정전 앞쪽으로 튀어나온 평평한 곳. 원래는 달을 감상하기 위해 만들었다고 한다.
2   지붕 네 모서리의 추녀마루가 처마 끝에서부터 경사지게 오르면서 용마루 또는 지붕의 중앙 정상점에서 합쳐지는 형태.
3   합각지붕·팔작집이라고도 한다. 지붕 위까지 박공이 달려 용마루 부분이 삼각형의 벽을 이루고 처마끝은 우진각 지붕과 같다.

| 42 | 도교의 인기를 말해주는 800여 개의 사당 | 노장사상
 도교
 음양오행설 |

태산의 대묘와 도관

태산 정상으로 가는
급경사의 난코스 18반

　도교는 유교와 함께 흥한 사상으로, 한대 초기의 궁정에서 굉장한 세력을 떨쳤습니다. 그 이유는 무엇일까요?

　예로부터 지배층은 갑골 점괘를 믿고 조상을 신격화하여 숭배했고 (37 참조) 백성들은 초자연적인 존재와 교신하는 무속인(샤먼)을 정신적 지도자로 여겼습니다. 신성한 산, 지역의 신들, 정령도 신앙의 대상이었습니다. 도교는 노장사상을 주장했을 뿐만 아니라 이 많은 신들과 의식, 신앙까지 흡수했으므로 사람들이 받아들이기 쉬웠을 것입니다.

수행하면 선인이 되어 선경에 가서 불로불사의 낙을 누릴 수 있다네.

신선 사상

도교의 성지인 태산의 대묘
웅장한 산 아래에 800곳 이상의 사당이 이어져 있는 독특한 풍경.

✦ 노장사상

마음을 깨끗이 하고 자연에 맡겨야 한다! 양생하여 장수하는 것도 중요하다!

장자
노자의 제자.

인간의 지배력과 야심이 자연의 질서를 어지럽힌다! 그래서 있는 그대로 살아가는 무위자연이 중요하다!

노자

✦ 음양오행설

세상은 낮과 밤, 남과 여, 하늘과 땅 등 음과 양이 상반된 곳이다! 또 만물은 '금, 목, 수, 화, 토'의 다섯 요소로 이루어져 이 세상을 순환시킨다.

추연

237 도교는 한대에 크게 유행한 음양오행설도 받아들입니다. 음양오행에 기반한 천신 숭배 사상을 주장하여 황제의 권력을 더욱 강고하게 뒷받침했습니다.

도교가 도입한 신앙의 핵심은 산신 사상입니다. 이것은 부귀와 영화를 영원히 누리며 불로불사하기를 원하는 통치 계급에 매우 매력적인 사상이었습니다.

이 산신 사상에 푹 빠진 사람이 앞에서 등장한 무제였습니다. 무제는 장안성의 미앙궁에 백량대라는 누각을 세웁니다. 그리고 건장궁에는 '신선이 누각에 즐겨 머무른다'라는 설에 기반하여 높이가 50척(약 150미터)이나 되는 고층 건물인 신명대와 정간루를 짓습니다. 천상 세계와 왕래하려면 높은 건물이 필요했던 것입니다.

신명대는 판 사이에 흙을 채워 쌓는 기법인 판축으로 만든 대수(단상 피라미드)였고 정간루는 교창[2] 형식의 누각이었다고 합니다. 무제가 이

천황전(하늘이 내린 전, 1009)
도관 역시 중국 공통의 예법 건축 규정을 따라 지어졌다.
황색 유리 기와를 끼운 2중 우진각 지붕, 기둥, 들보, 두공뿐만 아니라
그 화려한 색채까지도 자금성의 태화전과 똑같다.

처럼 산신 사상을 구현한 것을 계기로, 후한 이후 묘에서는 누각을 본
뜬 부장품인 도옥[3]이 자주 발견됩니다. 이때부터 중국에서 목조 누각
건축이 유행한 것입니다.

한편 도교의 성지 태산에는 봉선 의식을 치르는 장소인 도관[4]이 세
워졌습니다.

도관의 평면 역시 공묘(41 참조)나
후대의 자금성과 마찬가지로 사합원
의 연속체입니다.

몇 세기에 걸쳐 전통적 사상과 도
가 사상이 합쳐져 탄생한 도교는 백
성의 인기를 끌며 전국으로 퍼졌습
니다.

> ✦ 봉선 의식
>
> • 봉선이란 천하태평을 실현한 황제
>   만이 집행할 수 있는, 하늘과 땅에
>   바치는 제례 의식.
> • 진시황제와 무제가 실시했다.
> • 황제의 불로장생을 비는 것이 목
>   적이었다고 한다.

---

1   토기 표면에 녹색이나 청색을 내는 데 쓰는 유약.
2   校倉. 목재를 우물 정(井) 자 형태로 쌓아 올린 구조.
3   陶屋. 도루(陶樓)라고도 함.
4   도교 사원.

43	북위 시대 불교 건축물이 특별한 이유	북위 5호 16국

숭악사 탑(523)
운강 석굴 제39굴 탑 심주(5세기 후반)

운강 석굴 제39굴 탑 심주(북위)

누각식 다층탑은 거의 현존하지 않아요.

3세기에 지구 한랭화가 시작되자 홍수와 기아, 질병으로 백성의 불만이 팽배해지고 각지에서 반란이 일어납니다. 이에 한 제국이 약해지자 유명한 《삼국지》의 3국 시대(위, 오, 촉)가 시작됩니다. 그 후 진이 대두하여 중국을 잠시 통일했지만, 도읍은 황폐해졌고 화폐 경제가 물물 교환으로 퇴화했으며 인구는 한나라 전성기의 5000만 명에서 1600만 명으로 줄어 있는 처참한 상황이었습니다.

✦ 불상의 변화

본존여래좌상
운강 석굴 제20굴
북위, 5세기 후반.

인도적 요소가 강한 불상

체구가 크고 생김새가 부드러우며 코가 높고 눈이 가늘고 팔다리가 굵다. 가사[1]가 흘러내려 오른쪽 어깨가 드러나 있다.

여래입상, 라케이[2]상,
맥적산 석굴 제121굴
북위, 6세기 전반.

중국식으로 변한 불상

체형이 날씬하고 얼굴도 선이 가늘다. 가사는 헐렁한 중국식 법의로 바뀌었다. 표정이 생생하고 소탈하며 자유롭고 품위 있는 모습이다.

4세기가 되자 다시 유목 국가가 난립하는 5호 16국 시대[•]가 시작되지만 그중 북위[••]가 439년에 유목민 최초로 화북을 통일합니다. 그러나 다양한 민족이 계속 유입되어서 언어와 생활, 풍속, 사상, 종교가 뒤섞였습니다.

상황이 이렇다 보니 인간관계에 무게를 두고 권위에 의무와 존경을 맹세하는 유교만으로는 사회적 알력과 문제에 대처할 수 없었습니다. 이때 급격히 대두한 것이 실크로드 개통 이후 인도에서 전해진 불교였습니다.

• 한나라 사람들은 유목민을 '호족'이라고 뭉뚱그려 불렀지만 실제로는 흉노족, 몽골의 선비족, 티베트의 강족 등 다양한 민족이 있다.

•• 북위는 선비족 중 탁발족이 세운 나라다.

이때 불교는 건축뿐만 아니라 중국 문화, 중화사상과 융합하여 중국
화한 덕분에 융성할 수 있었습니다.

원래 인도의 스투파는 뒤집힌 사발 같은 반구형
구조물에 부처의 사리를 매장한 곳으로, 요도가
늘 있었습니다. 그러나 한대의 문헌을 보면 부
도사(사리를 보관한 사찰)를 누각과 회랑으로 구
성하고 불상을 두었다고 합니다. 즉 스투파가
중국화하면서 불탑과 불전의 기능이 한군
데로 합쳐졌고, 예배를 위한 내부 공간이
생긴 것입니다.

북위 시대에 세워져 지금까지 존재하
는 숭악사 탑을 통해 그 양상을 살펴봅시
다. 포탄 형상의 이 탑은 높이가 약 40미
터나 되는 밀첨식 탑(처마가 다닥다닥 붙은
다층탑)입니다. 외부는 12각형이고 내부
는 8각형인데, 최상층까지 속이 비어 있

보주[3]

상륜[4]

숭악사 탑

1층 상단의 부주   내쌓기 구조

파꽃 모양의 아치   서양식 아치

숭악사 탑의 독특한 디테일
기둥머리는 불꽃과 연꽃을 표현한다.

석굴인데도 목조를 본뜬 구조물이 많아요.

맥적산 석굴 제4굴(6세기)

는 이런 형식은 중국에서도 유일합니다. 아치창이나 부주 등 서역의 건축 기법과 인도의 장식 기법이 보여서 흥미롭습니다. 전체 형태가 인도 건축의 시카라와도 비슷합니다.

그러면 동시대에 만들어진 석굴도 살펴보겠습니다.

인도 차이티아의 심주[5]가 된 스투파는 항상 원형이었습니다. 그런데 중국의 운강 석굴 제39굴 탑의 심주를 보면 놀랍게도 스투파가 세부 의장에 이르기까지 누각식 목탑을 충실히 모방하고 있습니다. 인도의 사원은 스투파가 있는 예배굴과 승방굴로 구성되었지만 중국의 사원은 석존상 중심의 예배당이 유행한 것도 포인트입니다. 정면에 목조를 본뜬 구조물로 불전과 불탑을 표현하거나 병설하는 것도 유행했습니다. 이처럼 석굴 전체가 중국식으로 변했습니다.

불교는 오래 생존하고 더 발전하기 위해 유교와 도교의 요소도 도입합니다. 이렇게 '중국화한 불교'는 결국 중국 최대의 종교로 성장했고, 불교 사상에 기반한 사회 질서가 구축되기 시작합니다.

---

1 승려가 장삼 위에 걸치는 옷.
2 불교의 수호신인 범천(브라만)의 별칭.
3 탑이나 석등 맨 꼭대기에 얹은 구슬 모양 장식.
4 불탑 꼭대기의 기둥 모양 장식.
5 心柱. 고대 건축의 다층탑에 쓰인 기둥.

44	우여곡절을 겪으며 살아남은 당나라의 불교 사찰	위진 남북조 시대
		수 문제
		폐불 정책

남선사 대전(782)
둔황 막고굴 굴첨(당나라 말기)

둔황 막고굴 제437굴 굴첨(970)
불전의 목조 구조물이 남아 있는 귀중한 유적.

위진 남북조 시대에는 북방을 지배한 유목민과 유목민에 밀려 남방을 차지한 한족이 장강을 경계로 대립했습니다. 중원과 강남의 두 정권은 대립하면서도 나란히 경쟁하듯 불교를 신봉했습니다. 그러나 중국에 들어온 불교 역시 화이사상과 전통적 도덕, 종교에 배척당했습니다. 그래서 불교는 철학이나 포교법을 조정하며 중국화를 추진합니다.

유목민이었던 북위는 통치를 위해 정치, 경제, 문화, 생활 풍속을 한족화하는 정책을 취했습니다. 이 정책은 이후의 수, 당 왕조까지 이어

✦ **불교가 중국에 안착하기 위해 기울인 노력**

• 불교 경전을 번역하고 해설을 추가해 교양으로 알기 쉽게 전했다.

• 유교, 도교 개념과의 공통점을 설명하여 사람들이 쉽게 이해하도록 했다.

• 석굴을 뚫고 불상과 벽화를 두어 경전의 이야기나 교리를 쉽게 설명했다.

• 토속 신앙에서 유래한 풍습도 받아들여 친근감을 느끼게 했다.

법현과 현장도 경전을 번역한 승려로 유명해요!

포교의 중심인물이었던
구마라습¹
(344~413)
불전을 한문으로 번역하여
경전 보급에 공헌.

신화와 구전에서 기원한
전설의 왕

전통적인 우신
불교 설화에 등장.

집다. 그러나 자국의 전통과 제도를 버리고 성급하게 한족화하려는 시도는 523년의 육진의 난과 같은 큰 반발을 낳았습니다. 그래서 화북이 다시 분열하지만, 수의 초대 황제인 문제가 혼란을 수습하고 강남의 진나라를 정복하여 300년 만에 중국을 통일합니다.

수 문제는 남북조를 통합하고 유지하는 데 필요한 보편적 질서를 만들려고 불교 제국을 구축하기 시작합니다. 그 결과 수나라 때 덕도°한 남녀 승려가 23만 명, 건축된 사원이 3792곳, 필사된 경전이 46장² 13만 2086권, 새로 만들어진 불상이 10만 6580개였습니다. 이 흐름은 후대인 당나라에까지 계승되어 도읍인 장안이 큰 절로 가득 차 종교 도시처럼 변할 정도였습니다. 그러나 당 무종(재위 840~846년)이 폐불 정책을

● 德道. 출가하여 승려가 되는 것.

시행(845년)하여 사찰 약 4600곳, 작은 사찰 약 2만 곳을 부숴버립니다.

==그래도 석굴 사원이나 간신히 살아남은 유적과 유물을 통해 남북조 시대와 수당 시대의 목조 불전의 모습을 짐작할 수 있습니다.==

운강 석굴 제9굴의 부조에도 목조 불전의 자태가 나타나 있습니다. 부조에 등장한 불전은 세 칸짜리 토대에 8각 기둥을 세우고 기

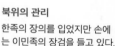

◆ **한족화 정책**

· 유목민의 옷인 호복 착용 금지.
· 선비족의 성을 한족의 성으로 바꾸게 함.
· 조정에서는 선비족 언어를 금지하고 한족 언어로만 소통하게 함.

북위의 관리
한족의 장의를 입었지만 손에는 이민족의 장검을 들고 있다.

둥 위에 도리를 올린 모습입니다. 도리 위의 두공*과 사람 인(人) 자 모양의 중비**가 지붕 구조물을 지탱하고 있는데, 이것은 북위의 전형적인 사원 양식입니다.

또, 실크로드의 요충지에 있는 둔황 막고굴에서는 당 말기 이후의 현존하는 굴첨[3] 유적을 여섯 동이나 볼 수 있습니다.

석굴이 아닌 불교 사찰로는 목재로만 이루어진 중국 최초의 목조 불전인 남선사 불전이 있습니다. 이곳은 역사 문헌에도 등장하지 않는 궁벽한 지역에 있는 절이어서 폐불을 면한 듯합니다. 평면은 세 칸짜리 정사각형에 가깝고, 지붕은 단층 팔작 기와지붕입니다. 당 왕조 때는 이곳 외에 각기둥을 쓴 사례가 없습니다(현재의 원기둥은 11세기 수리 때 교체된 것). 위쪽의 들보 위에는 개구리 다리 모양의 커다란 부재와 사선 부재를 넣어 이중 들보를 떠받치게 했고 그 위에는 교차 구조를 넣었습니다.

---

* 두공이란 '두'와 '첨차'를 조합한 구조다. 기둥 위에 지붕을 받치며 차례로 짜 올린 구조를 말한다.
** 中備. 기둥머리의 두공과 두공 사이에서 도리를 받치는 구조재.

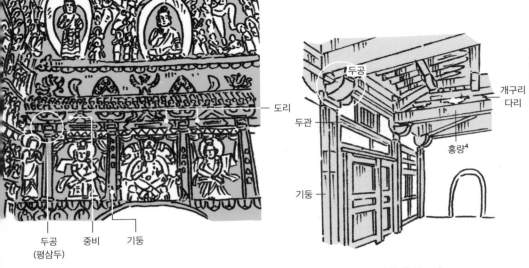

두공
두관
기둥

두공
(평삼두)　중비　기둥

도리

개구리
다리

홍량[4]

운강 석굴 제9굴의 부조가 있는 불전(5세기 후반)

둔황 막고굴 제431굴 굴첨 내부(980)
목조 불전이나 불탑을 모방하여 석굴 전면
에 부설되는 구조물.

　지붕 경사는 후세의 사찰에 비해 상당히 완만합니다. 처마의 서까래
는 방사상 구조로 배치되었는데, 완전한 방사상은 아닌 점이 특징입니
다. 의장 면에서나 기법 면에서 고풍스러움을 느끼게 하는 중요한 유적
입니다.

　폐불 사건은 있었지만, 불교는 당나라에서 번영하며 지위를 확고히
했습니다. 정토종과 천태종, 선종 등 중국만의 종파도 탄생시키며 다른
동아시아 국가로 전파되었습니다. 불교는 당시 정치, 경제, 철학, 예술,
과학 분야에까지 큰 영향을 미친 종교였습니다.

남선사 대전

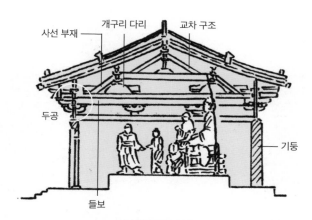

사선 부재   개구리 다리   교차 구조

두공

기둥

들보

남선사 대전 단면도

---

1   **鳩摩羅什**. 쿠마라지바. 해외 포교에 힘쓴 인도 승려로 불경을 한문으로 번역했다고 한다.

2   창고 하나 분량.

3   석굴 사원 전면에 부설한 목조 복도. 첨은 처마를 뜻한다.

4   **虹梁**. 무지개 모양으로 구부러진 들보.

45	국제도시 장안성은 어떻게 계획되었나 장안성(581, 618~) 불광사 대전(857)	당나라 태종 주작대가

사찰이 발전할수록 출입문인 대문,
독경하고 수행하는 법당과 경루, 저장고,
승려가 기거하는 곳, 종루 등으로 건물 수가
점점 늘어나고 규모도 커졌어요.

태종
당나라 2대 황제.

248

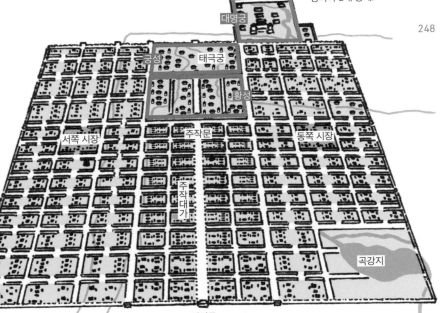

장안성 전경

수는 불교뿐만 아니라 과거제, 균전제[1], 부병제[2], 운하* 건설 등 야심 찬 개혁에 계속 도전했습니다. 그러나 계속되는 원정으로 불어난 세금, 건설 자원 착취, 가혹한 노동 강요로 백성의 불만이 팽배하고 사회 혼란이 끊이지 않아 결국 멸망합니다.

너무 낭비했나?

양제의 호화로운 선단이 대운하로 통행하는 모습

수나라 양제

수를 반면교사 삼는 동시에 유산을 잘 이어받은 왕조가 당입니다. 당 태종은 중앙아시아를 원정하여 동돌궐을 제압합니다. 서북쪽의 이 유목 민족은 태종에게 천하의 칸**이라는 존칭을 바치며 권위를 인정했습니다. 그래서 당은 마침내 중앙아시아의 유목민 권역, 실크로드가 있는 교역 권역까지 전부 불교 권역으로 통합할 수 있었습니다.

<u>경제적으로도 번영하고 문화적으로도 발전했던 당의 도읍 장안성은 총면적 84만 제곱킬로미터, 인구는 100만 명을 헤아리며 세계 최대의 도시로 성장합니다.</u>

장안성은 폭이 150미터나 되는 주작대가를 중심으로 좌우에 다섯 갈래, 동서로 열네 갈래의 대로가 있는 바둑판 모양으로 계획되었습니다. 기능별 구성도 명확하여 북부 중앙에 궁성(황제가 지내고 정치를 하는 곳)을, 그 남쪽에 황성***과 정치 기구를 두었으며 동서 두 곳의 시에는

249

---

* 벼농사 지역인 강남과 도읍인 장안을 연결하는 세계 최장(약 2000킬로미터)의 운하.
** 북아시아 유목 국가에서 최고 군주를 부르는 칭호.

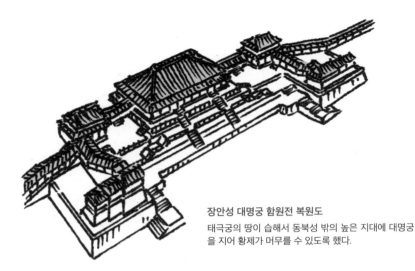

장안성 대명궁 함원전 복원도
태극궁의 땅이 습해서 동북성 밖의 높은 지대에 대명궁을 지어 황제가 머무를 수 있도록 했다.

경제 활동을 집중시켰습니다. 이방(벽으로 둘러싸인 거주 지구) 역시 질서 있게 구획되었습니다. 여기서도 높은 지대에 상위 계급인 궁성, 절, 황성이 배치되었다는 점이 중요합니다. 즉 구획과 지형을 활용하여 전통적 등급 관념과 엄격한 질서가 살아 있는 도시를 구축한 것입니다.

문헌에 따르면 장안성의 큰 절은 도시의 중심축을 중심에 둔 가람으로 외문, 중문, 전불전, 7층탑, 후불전, 3층 누각으로 구성되어 있었다고 합니다. 50개에 달하는 중정이 포함되어 있었으며 자금성, 공묘와 같은 연속 사합원 형식이었습니다.

중국 최초로 본격적 규모를 갖춘 사찰인 불광사의 대전에서는 당나라의 구체적 건축 기술을 볼 수 있습니다. 추녀의 구조나 처마를 만들기 위한 두 겹 기둥은 중국 건축의 기본입니다. 처마 밑을 보면 기둥머리와 대들보 사이에 4중 두공이 까치발처럼 설치되어 있고 그 위의 동자기둥[3] 위에 다시 격자 천장이 펼쳐집니다.

●●● 皇城. 황제의 조상을 기리는 태묘, 황제가 백성을 위해 제사를 지내는 태사, 중앙 군사 기구 등이 있다.

불광사 대전
폭 일곱 칸, 깊이 네 칸 규모의 우진각 지붕 구조.
여러 부처의 조각상이 늘어서 있다.

부채 서까래[4]

꼬리 서까래

송대 이후의 건물과는 달리 부재
치수(예: 기둥 지름을 기초로 결정한 각
부재의 치수)가 굵은 것을 보면 과도
기적 형태라 할 수 있습니다.

장안성은 시인과 화가, 음악가가
보호받는 곳, 길가에 상인과 예인
이 넘치는 곳, 다양한 행사로 늘 번
화한 곳이었습니다. 다시 말해 전
무후무하게 번영한 도시였습니다.

실크로드를 장악한 후 소그드
인[5]을 비롯한 이국의 상인과 무역

격자 천장

4
중
두
공

불광사 대전 내부

실크로드로 교역과 문화
교류가 많이 이뤄졌다는
사실을 알 수 있어요!

이슬람의 금화

로마의 금화

특별한 의미가
있는 낙타상

상, 음악인 등 다양한 사람이 세계 각지에서 모여들었습니다. 이들이   252
조로아스터교나 기독교, 마니교를 들여왔으므로 낯선 종교의 사원도
성안에 지어졌습니다.

활발한 문화 교류로 늘 화려하고 풍요로웠던 장안성은 세계의 중심
이자 세계인이 동경하는 도시가 되었습니다.

---

1   수·당 때의 토지 분배 및 세금 징수 제도.
2   균전제에 기반한 병농일치의 군사 제도.
3   들보 위에 세우는 짧은 기둥.
4   방사상으로 배치된 서까래.
5   중앙아시아의 이란계 민족.

46	중국 건축 요소를 총망라한 경이로운 건축서	5대 10국 송나라 당송 변혁

《영조방식》(1100)

당의 영광은 8세기경 유교 개혁에서부터 흔들리기 시작합니다. 상하 인간관계가 기본인 유교로는 국적도 배경도 다양한 사람들을 통합하기에 어려웠기 때문일 것입니다. 그래서인지 당은 751년의 탈라스 전투에서 이슬람군(아바스)에게 패배했습니다. 이어 755년에는 소그드인인 안녹산이 안사의 난을 일으킵니다. 이 일을 계기로 튀르키예 계열의 위구르족과 티베트고원의 토번족이 세력을 키우면서 당은 점점 해체됩니다. 중국 전역이 다시 5대 10국이라는 혼란에 빠졌고 그것을 통제할 질서를 찾아야 하는 시대가 도래했습니다.

이때 송이 등장하여 천하를 통일하고 당송 변혁을 시작합니다.

절정으로 향하는 문명을 떠받친 사람들은 유교적 교양을 갖춘 사대부였습니다. 태조, 즉 초대 황제인 조광윤이 문(文)을 중시하고 무(武)를 경시하는 정책을 추진했기 때문입니다. 인쇄 기술의 진보로 읽을거리가 널리 보급되기도 했습니다. 문치 사회는 필연적으로 학문, 예술을 발전시킵니다.

유교는 불교, 도교 사상으로부터 배우고, 우주나 저승의 개념까지 받아들여 재구축함으로써 '주자학*'이라는 새로운 학문을 수립했습니다. 주자학은 이후 수백 년에 걸쳐 중국의 정통 사상으로 활약합니다.

● 朱子學. 남송의 유학자 주희가 집대성한 유학.

이렇게 중국 사회는 역사상 대전환을 맞습니다.

==건축 분야에서는 수천 년에 달하는 전통 건축 요소를 체계적으로 정리하여 상세히 기록한 건축 지침서《영조방식》(1100년)이 탄생합니다.==

《영조방식》(전 36권)에서는 건축 공정을 흙 공사, 돌 공사, 나무 공사, 제작 공사, 기와 공사, 조각 공사 등 13단계로 나눈 후 각각의 작업 방법과 소요 시간, 자재 선택 기준을 상세히 설명해놓았습니다. 건축에 필요한 도표(평면도 작성법 예시, 채화, 무늬, 형식, 구조, 각부 명칭)도 놀라울 만큼 자세히

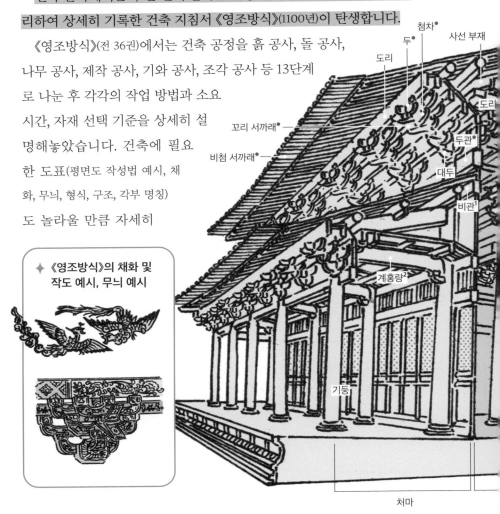

◆ 《영조방식》의 채화 및 작도 예시, 무늬 예시

도리 · 두 · 첨차 · 사선 부재
꼬리 서까래 ·
비첨 서까래 ·
도리
두관
대두
비관[1]
계홍량[2]
기둥
처마

- 교차 구조: 삼각형으로 사선 부재를 짜맞춘 형태.
- 첨차: 활 모양의 짧은 부재.
- 두: 첨차나 도리를 받치는 주사위 모양의 부재.
- 꼬리 서까래: 비스듬히 내려간 부재로, 상부에 두나 첨차를 올린다.
- 비첨 서까래: 서까래가 이중일 때 위쪽의 서까래를 말한다.

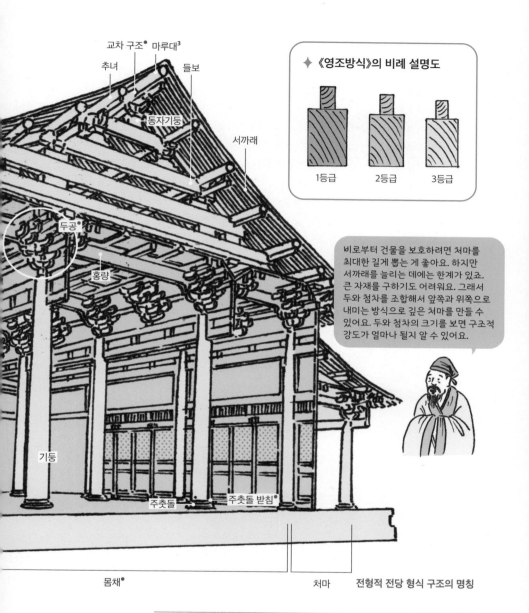

《영조방식》의 비례 설명도

1등급 2등급 3등급

교차 구조* 마루대³
추녀
들보
동자기둥
서까래
두공*
홍량
기둥
주춧돌
주춧돌 받침*
몸채*
처마

전형적 전당 형식 구조의 명칭

비로부터 건물을 보호하려면 처마를 최대한 길게 뽑는 게 좋아요. 하지만 서까래를 늘리는 데에는 한계가 있죠. 큰 자재를 구하기도 어려워요. 그래서 두와 첨차를 조합해서 앞쪽과 위쪽으로 내미는 방식으로 깊은 처마를 만들 수 있어요. 두와 첨차의 크기를 보면 구조적 강도가 얼마나 될지 알 수 있어요.

- 두관: 기둥머리와 연속적으로 접속한 가로 목재로, 기둥과 기둥을 연결하는 역할을 한다.

- 두공: 두와 첨차를 조합한 것. 공포라고도 한다.

- 주춧돌 받침: 주춧돌 위에 올리는 돌. 길쭉한 형태도 있고 조각을 입힌 것도 있다.

- 몸채: 본존불을 안치할 중앙부. 처마를 제외한 건물의 안쪽을 말한다. 몸채에 처마를 추가하는 것이 전통 목조 건물의 기본 형태다.

✦ **당송 변혁**

① **화력 혁명**: 석탄과 코크스를 써서 강해진 화력으로 금속, 공구, 무기를 쉽게 생산할 수 있게 되었다.

② **농업 혁명**: 화력이 강해졌을 뿐만 아니라 배수와 간척 등에 관한 토목 기술도 향상되어 무논이 늘어났다. 온난화도 한몫해서 농작물 생산량이 증가하고 인구도 증가했다.

③ **화폐 혁명**: ①의 결과로 화폐 주조가 쉬워져서 급료 지불이나 상업 거래가 편리해졌고 화폐 경제가 널리 보급되었다.

④ **상업 혁명**: ③의 결과로 잉여 생산물 교환이 쉬워져 경제가 성장했다. 왕실이 소금 판매에 세금을 매겼으므로(염정) 민간에서도 화폐가 유통되었다.

⑤ **도시 혁명**: ④의 결과로 상업 도시가 생겨나 민간의 역량도 향상되었다.

다관과 선술집 등장

인기 수출품이 된 자기

꾸준히 궁정에 진상된 균요[4] 자기.

민간 도자기 예술의 대표였던 자주요[5] 자기.

256

나와 있습니다. 게다가 '중국 건축의 특징인 뒤집힌 지붕 만드는 기법', '현장에서 10분의 1 축적으로 도면 그리는 법', '구조를 파악할 수 있는 대들보 방향 단면도' 등 현대에도 충분히 쓸 만한 내용이 많습니다.

건물의 등급에 맞는 부재의 크기가 절대 규격이 아닌 비례 규격으로 나와 있는 것도 특징입니다. 이 시대에 용도, 설계, 공사뿐만 아니라 숫자적 디테일까지 다루고 부록으로 도표까지 실어놓은 '건축 설계 매뉴얼'을 편찬하다니, 세계적으로 유례가 없는 일입니다.

이런 혁명적인 건축 도서를 펴낼 수 있었던 것은 송대에 성숙한 문명이 개화했기 때문일 것입니다. 당송 변혁 이후 중화요리, 다도, 산수화가 생겨났고 설화나 희곡 등도 활발하게 창작되는 등 굵직한 문화적 발전이 잇따릅니다.

당을 결정적으로 멸망시킨 것은 몽골, 티베트의 유목민 국가였지만 송도 만만치 않은 상대였습니다. 그러나 송은 현실감 있는 외교로 이웃의 대국과 공존하는 길을 선택합니다.

---

1 飛貫. 동자기둥 등 짧은 기둥을 연결하는 두관.
2 繫虹梁. 몸채와 처마 기둥 사이를 잇는 홍량.
3 지붕 바로 밑의 가로 방향 부재로 위에 서까래가 걸린다.
4 鈞窯. 송나라 균주에서 나던 질그릇.
5 磁州窯. 중국 하북성 자주에서 만들어내는 도기.

47	거란의 불교 문화가 보이는 목조 건축물	요나라 금나라 관음보살

독락사 관음각(984)
불궁사 석가탑(1056)

독락사 관음각 외관
폭 다섯 칸, 깊이 네 칸의 팔작지붕 건물.

당이 멸망한 907년, 몽골계 유목·수렵 부족인
거란이 중앙 유라시아를 석권하더니 북송*이
지배하는 중원까지 노리기 시작했습니다.
북송은 경제나 자원으로는 거란을 앞섰지만
군사적으로는 강력한 기마군을 지닌 거란을 이길
수 없었습니다. 그래서 '전연의 맹세(1004년)'를

**사냥감을 쫓는 말과
유목민 기수를 그린 그림**

• 송은 금(여진이 세운 유목 국가)에 쫓겨 남쪽으로 천도(1172년)했으므로 그
이전의 왕조를 북송, 이후의 왕조를 남송으로 구분한다.

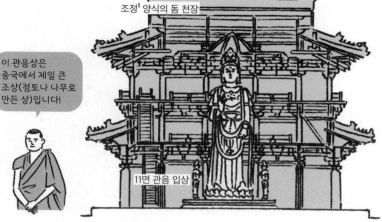

독락사 관음각 단면도

조정¹ 양식의 돔 천장

이 관음상은 중국에서 제일 큰 조상(점토나 나무로 만든 상)입니다!

11면 관음 입상

맺어 매년 막대한 공물을 주고 안전을 보장받기로 했습니다. 북송 입장에서는 문화 수준이 열등하다고 여겼던 유목 국가와의 강화는 굴욕일수 있습니다. 그러나 유목 세계와 농경 세계가 평화롭게 공존할 수 있게 된 것은 중국 역사상 획기적인 사건이었습니다.*

거란은 당의 동북부에 인접하여 세력을 확대하면서 중국 문화를 적극적으로 흡수하고, 947년에는 국호를 '요'로 바꾸었습니다. 불교도 받아들여 사찰과 불탑을 여기저기 건설하고 경전도 부지런히 간행했습니다.

그러면 요의 불교 사찰이자 중국에 현존하는 가장 오래된 목조 누각인 독락사 관음각을 살펴봅시다.

중국의 불교 사찰에서는 시간이 흐를수록 불상도 사찰 자체도 점점

---

* 남송도 강대한 금과 다시 맹약을 맺고 공존 체제를 구축했다.

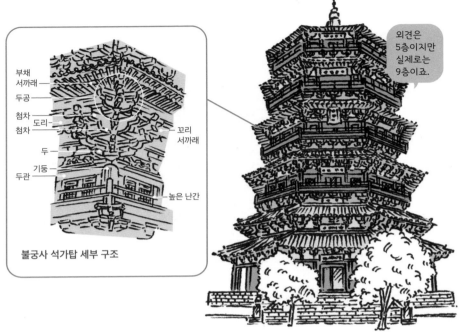

부채
서까래 —
두공 —
첨차 —
첨차 — 도리 —
두 —
기둥 —
두관 —

꼬리
서까래

높은 난간

불궁사 석가탑 세부 구조

외견은
5층이지만
실제로는
9층이죠.

불궁사 석가탑

커지는 경향이 있는데, 특히 신자들이 좋아한 관음보살은 그 현상이 더욱 두드러집니다. 독락사 관음각이 전형적인 예인데, 나중에는 관음전이 사찰의 중심이 될 정도였습니다.

독락사 관음각은 외관상으로는 2층으로 보이지만 사실은 3층짜리 목조 누각입니다. 몸채의 천장은 돔 형태이고 중앙부는 3층짜리 아트리움으로 뚫려 있는데, 거기에 거대한 11면 관음[2] 입상이 우뚝 서 있으니 압권이라고 말할 수밖에 없습니다.

그리고 현존하는 가장 오래된 목조 불탑인 불궁사 석가탑도 놓칠 수 없습니다.

이 탑은 충격적일 만큼 대규모여서 높이가 약 67미터, 1층 평면 지름이 30미터나 됩니다. 가람은 북위의 유행을 따라 이 석가탑(불탑)을 중심으로 삼고 배후에 불전을 두는 방식으로 배치되었습니다. 외견은 5층이지만 실제로는 9층이며 탑의 몸통에 기둥을 두 겹으로 두르고 수많은 인방, 도리, 지주로 처마를 이은 어마어마한 구조입니다. 추녀를 지탱하는 기둥머리와 중비, 두공에 달린 꼬리 서까래, 꽃 모양 첨차 등 60종의 다양한 패턴이 사용된 것도 특징입니다.

요 왕조의 건물은 동쪽을 향해 해를 경배하는 거란족의 풍습에 따라 대부분 동향입니다. 거란은 전통적인 샤먼(주술, 의술, 사제 등의 역할)이 제사를 지내므로 유교는 배척했습니다. 그러나 불교는 유목민들의 정신적 지주이자 통치에 효과적인 수단이 되었습니다.

한편 전 세계에 선풍을 일으키며 아시아와 유럽을 석권한 몽골 대제국 역시 불교를 적극적으로 신봉했습니다.

---

1   藻井. 중국의 장식적인 천장을 총칭하는 말.
2   머리나 얼굴이 11개 있는 관음. 관음의 활동이 다방면임을 상징한다.

48	몽골 제국의 수도에 세워진 라마교 건축물	몽골 제국 쿠빌라이칸 라마교 포탈라궁 대원 울루스

묘응사 백탑(1279)
몽골 대도(1264~1285)

본래 중심에 있어야 할 궁성을 남쪽으로 치우치게 배치한 것은 몽골이 진정한 중심이라는 의사의 표현입니다!

오고타이
몽골 제국 제2대 황제.

몽골 제국의 도읍인 대도 (평면 복원도)

황제의 정원
황성
궁성
대명전
영성문
녹정문

   13세기가 시작되자 격렬한 대립을 반복했던 몽골고원의 부족들이 칭기즈칸의 휘하로 통합됩니다. 칭기즈가 이끄는 유목민의 나라 몽골(울루스)은 먼저 금을 공격한 다음 서요(카라 키타이), 나이만족, 이슬람 왕조인 호라즘 샤를 차례차례 무너뜨립니다. 2대 왕인 오고타이는 마침내 금을 멸망시키고(1234년), 유목 민족인 킵차크를 정복한 뒤 러시아까지 손에 넣습니다. 그뿐만 아니라 폴란드, 독일 기사단, 헝가리까지 무너뜨려 동유럽을 석권합니다. 이후 서아시아로 진출하여 아바스 왕조

몽골 제국

몽골 제국의 최대 영역
몽골 제국의 지배가 미치는 영역은 세계 제국이었던
아케메네스 왕조 페르시아를 훨씬 앞섰다.

✦ **몽골 제국의 발전과 유지를
뒷받침한 요소**

• 강력한 기마 군단, 위협 및 선전
  능력.
• 상업의 민족인 위구르와의 협
  력(보호해주는 대신 정보와 자
  금 입수).
• 잠치[1] 등 아시아에 보급한 교통
  로와 숙박, 운송 시설(지령을 원
  활히 전달할 수 있었음).
• 은과 소금으로 보증하여 지폐
  를 유통한 신용 시스템.

교환 수단이 된 은

를 멸망시키고(1258년), 서아시아의 건조 지대, 유목 지
대 및 요충지인 화북과 농경 지대까지 제패하여 결국
세계사상 최대 영토를 가진 제국이 되었습니다.

　1264년에 대칸(황제)으로 즉위한 칭기즈의 손자 쿠빌라이는 세계 최
고의 경제력을 자랑하는 중국을 주축으로 유목 세계와 농경 세계를 유
목민의 사상으로 통합했습니다.

　특히 북경은 유목 세계와 농경 세계의 경계에 위치하므로 거점으로
최적이었습니다. 여기서는, 원래 정착하지 않는 유목민들이 유교 이념
에 기초하여 도시 계획을 구현했다는 점에 주목할 필요가 있습니다.

　쿠빌라이의 사상은 화려하고 웅대한 국제도시이자, 마르코 폴로가
'말과 글로 전하고 싶다'라고 인정했던 몽골 제국의 수도 대도(북경)에
잘 드러납니다.

✦ 대도에 적용된 유교 경전의 지침

- 사방 9리의 정사각형 평면.
- 한 변에 성문 세 곳씩.
- 성안의 종횡 간선도로 세 갈래씩.
- 종묘(왕실)는 좌(동쪽), 사직(국가)은 우(서쪽).
- 조정은 앞, 시장은 뒤.

국명은 '대원(大元) 울루스'로 하겠어! 유교에서 '원(元)'이란 '사물의 시작'을 뜻하지.

쿠빌라이
몽골 제국 제5대 황제

쿠빌라이는 티베트 불교의 고귀한 승려를 후대했어요.

쿠빌라이가 죽은 후에도 이 사상이 계승되어 왕(천자)이 되려면 제왕의 스승(최고 승려)에게 수계**하는 과정이 필수가 되었습니다.

마르코 폴로(1254~1324)

몽골 제국에서는 다양한 종교가 평화롭게 공존했습니다. 그중에서도 국가의 주요한 종교가 되었던 것이 라마교*입니다. 대도의 대표적인 라마교 건물이자 매우 귀중한 유적인 묘응사 백탑을 살펴봅시다.

이 탑은 벽돌 구조로 면적 810제곱미터의 기단, 두꺼운 사발 모양의 몸통, 13층짜리 원뿔형 상륜으로 구성되며, 높이가 무려 50미터 이상입니다. 꼭대기에는 지름 약 10미터의 화개²가 덮여 있고 그 위에 무게가 4톤이나 되는 탑형 보정³이 올라가 있습니다. 이것은 티베트 불탑인 초르텐을 본뜬 구성인데, 중국에서는 '라마탑'으로 불립니다. 묘응사 백탑은 중국 최초이자 최대의 라마탑 유적입니다. 1279년에 탑 주변에 건설된 사찰은 원의 황제와 귀족이 불교 의식을 행하는 중심지가 되었습니다.

264

● '라마'는 티베트 불교 승려의 총칭이다. 그래서 티베트 불교를 라마교라고도 한다. 티베트 불교는 인도에서 생겨난 밀교가 티베트 전통 종교와 결합한 결과 10세기 후반에 탄생한 종교다.

●● 불교에 귀의했다는 증거로 계율을 받는 것, 또는 계율을 받기 위한 의식.

탑 형태의 보정 ── 화개

── 원뿔 모양의 상륜

── 탑 몸통

── 기단

묘응사 백탑(라마탑)

몽골 제국은 이처럼 유목 국가의 전통과 역대 중화 왕조가 쌓아 올린 유산을 멋지게 융합시켰습니다. 또 교통망을 확충하고 글로벌한 중상주의를 실천하여 몽골 제국을 중심에 둔 전 아시아적 경제권을 형성했습니다. 아시아 제국을 정복하여 연결했다는 의미에서, 몽골 제국은 진정한 세계 제국이었다고 말할 수 있습니다.

이렇게 어마어마했던 몽골 제국도

14세기 후반에 멸망합니다. 이번에도 원인은 지구의 한랭화, 황하의 대범람, 그리고 역병(페스트)의 유행이었습니다.

라마교 사원의 총본산인
포탈라궁(1645~)

---

1   Jamchi. 몽골 제국 및 원 왕조의 역참.
2   花蓋. 불상이나 구조물의 상부를 마감하는 꽃잎 모양의 부재.
3   寶頂. 불상이나 구조물 꼭대기의 장식.

49	하늘과 땅의 원리를 품은 제사 시설	명나라
		홍무제
		영락제
	천단(1420)	기년전
		원구단

천단
천원지방의 사고방식을 표현한다.

자연계의 변화는 풍작과 흉작을 결정하여 사람의 생사를 좌우하니 자연의 신에게 기도를 바쳐야 해.

앞으로는 교역보다 농업을 중시할 거야.

홍무제(주원장)

266

1388년에 몽골 제국이 멸망하자 동과 서, 남과 북, 농경과 유목, 군사와 경제, 사상과 질서의 연결이 사라집니다. 몽골 정권에서는 몽골인이 우대받았으므로 사대부와 한족은 불만이 많았습니다. 따라서 한족인 주원장이 건국한 명은 그에 대한 반발로 반몽골적 이념과 화이수별(몽골을 '오랑캐'로 명확히 구별, 배제하고 중화를 회복한다는 뜻)

쿠빌라이보다 훌륭한 왕으로 여겨지고 싶어. 대도를 무너뜨리고 새로운 도읍을 만들자!

영락제
명의 제3대 황제.

북경성 배치도

지단 / 자금성 / 월단 / 황성 / 내성 / 일단 / 사직단 / 태묘 / 성벽 / 승천문(천안문) / 중심축선 / 외성 / 선농단 / 천단

사상을 강하게 내세웠습니다. 또, 명 왕조는 상업을 경시하고 화폐 경제를 현물 경제로 되돌렸으며, 일부 나라에만 조공 무역을 허용하고 그 외의 무역을 향해 금지로 중단하면서 쇄국에 들어갔습니다. 그런 다음 유교와 주자학(46 참조)으로 새로운 질서를 만들었습니다.

1403년에는 영락제가 남송에서 북송으로의 천도를 결정합니다. 이에 따라 대도를 파괴하고 유교 이념에 기반하여 새로 지은 곳이 자금성(39 참조)이었습니다.

북경성(베이징성) 안팎에서 역대 중국 왕조가 기원할 때 사용했던 제사용 건물을 살펴봅시다.

우선 여기서도 전통적인 '좌우 대칭', '동서남북 축'이 답습되었습니다. 그래서 승천문(천안문)의 왼쪽에는 조상을 기리는 태묘(종묘), 오른쪽에는 토지신과 오곡의 신을 기리는 사직단을 두었습니다(좌조우사). 그 다음 순서가 천, 지, 일, 월에게 제사를 지낼 장소인 천단, 지단, 일단, 월단이었는데, 이런 제사들은 궁성의 교외에서 집행되도록 했습니다. 천,

기년전 내부를 올려다본 모습
농경의 순조로운 리듬과 순환을 상징한다.

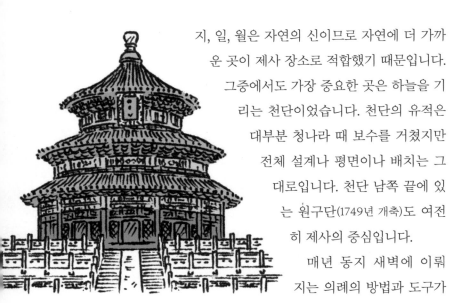

기년전 외관

지, 일, 월은 자연의 신이므로 자연에 더 가까운 곳이 제사 장소로 적합했기 때문입니다. 그중에서도 가장 중요한 곳은 하늘을 기리는 천단이었습니다. 천단의 유적은 대부분 청나라 때 보수를 거쳤지만 전체 설계나 평면이나 배치는 그대로입니다. 천단 남쪽 끝에 있는 원구단(1749년 개축)도 여전히 제사의 중심입니다.

매년 동지 새벽에 이뤄지는 의례의 방법과 도구가

《주례》에 나와 있습니다. 《주례》는 '3례'로 꼽히는 유교 경전으로(39 참조), 제사가 유교와 수천 년 이상 연결되어 있었다는 사실을 보여줍니다.

원구단의 중심선 북쪽 끝에는 황제가 여름에 풍작을 기원할 때 쓰이는 기년전이 있습니다. 원래 궁성은 음양오행에 따라 예전에 쓰던 수를 계속 써야 했습니다. 그러나 기년전은 개념을 달리했습니다. 내부 기둥은 3진으로 나뉘는데, 가장 안쪽에 있는 큰 기둥 네 개는 사계절을 상징하고 중간쯤에 있는 기둥 12개는 12개월을, 가장 바깥쪽에 있는 기둥 12개는 하루 12각(24시간)을 상징합니다. 중간 기둥과 바깥쪽 기둥을 합치면 24개, 즉 24절기가 됩니다. 이 숫자는 전부 농경과 깊은 관계가 있습니다.

또, 천단의 지붕과 문 등에는 하늘을 연상시키는 파란색을 많이 썼고 천단의 각 제사 장소의 평면에서는 둘레 벽을 사각형으로 하고 제단 또는 기년전을 원형으로 했습니다. 고대로부터 '천원지방(하늘은 둥글고 땅은 네모지다)'의 원리를 믿었기 때문입니다.

역대 황제들은 역성혁명*을 깊이 의식하여 천명을 받은 '하늘과 땅의 아들'로 자신을 내세우면서 통치에 임했습니다. 그러므로 하늘과 땅에 바치는 제사는 어떤 왕조든 빼놓을 수 없는 행사였습니다.

269

---

* 제자백가 중 맹자의 이론 중에 하늘(신)이 왕을 결정한다는 부분이 있다. 따라서 천재지변이 일어나 백성이 괴로워지면 왕을 바꾸어야 한다고 했다.

---

1 先農壇. 농사의 신에게 제사를 올리는 장소.

50

황제를 위한 정원

이화원(1750~1764)

이화원 해취원(1754, 1892년 재건)
강남만의 기풍이 느껴지면서 다른 세상 같은 느낌.

청의 권력을
확립한 황제!
중국 역사상
가장 긴 치세였어.
하지만 전쟁을
너무 많이 겪어서
마음을
가라앉히고 싶어…

강희제
재위 1661~1722년,
청의 제4대 황제.

요동 지역의 만주족(여진족이라고도 함)이 1636년
에 건국한 나라인 후금(나중에 청으로 개칭*)이 내란
으로 멸망한 명의 빈자리에 침입하여 북경을 제압
합니다. 청은 명의 화이수별을 폐하고 만주족, 한
족, 몽골족이 일체가 되는 화이일가를 핵심 사상
으로 삼아 국가를 수립합니다. 다양한 사람이 섞인

---

* 제2대 황제 숭덕제(황태극)가 개칭했다. 이때 여진도 '만주'로 고쳐, 이후 중국
  동북부를 만주로 부르게 되었다.

광대한 영역을 원활하게 통합하려면 사회 구조나 정치 조직, 조공 시스템은 크게 바꾸지 않고 모든 민족 사이에 균형을 취할 필요가 있었기 때문입니다.

청대의 족자에 그려진
정원과 정자

청 왕조 건축의 가장 큰 특징은 수적, 질적으로 정점을 찍은 정원에 있습니다. 청의 정원(원유)을 별궁까지 포함하여 역사 흐름과 함께 살펴봅시다.

정원에 관한 첫 기록은 기원전 2000년 무렵의 은 왕조까지 거슬러 올라갑니다. 이후 진의 시황제나 한의 무제는 산신 사상에 푹 빠졌습니다. 그리고 2세기경에 못, 개울, 숲, 삼림, 산 등 자연계의 요소를 정원으로 표현하는 전통이 확립되었고 공작이나 토끼, 새 등 동물도 정원의 일부로 그림에 등장하게 되었습니다. 당 왕조 시대에는 정

족자에 그려진 동물

자가 많이 지어져 방문자가 그림 같은 전망을 감상할 수 있게 되었습니다. 당나라 이후에는 비뚤어지고 큰 바위가 '안정과 부의 상징'으로 여겨져 정원에 도입되었습니다. 명대에는 개인(문인)도 정원을 소유하게 되었습니다.

정원 문화가 융성했던 청대에 황제였던 건륭제는 강남 원림¹을 여섯 번이나 찾고 여러 명산과 유명 정원을 순회할 만큼 정원에 푹 빠져 있었다고 합니다. 그래서 결국 건륭제는 대규모 자연 정원을 건설하는 데 열정을 쏟게 됩니다.

이화원 불향각(1892년 재건)

3층짜리 팔각 전각은 정원 최대의 점경[2].
문인의 정원은 접객, 독서, 생활, 위락을 담당하는 공간이었으며 저택과 일체로 조성될 때가 많았다. 온화하고 조용한 분위기, 담담한 색조를 갖춘 고상한 정원이다.

이화원 17공교(1750년)
17개의 반원 아치가 이어진 다리.

황제의 정원은 정치, 생활, 위락 기능을 갖춘 이궁[3]임을 명심해! 웅장하고 호화찬란한 건물, 탁 트인 경관이 특징이지.

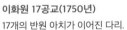

건륭제
청의 제6대 황제

이화원 해취원 평면

그런 건륭제가 만든 황제의 정원이 북경의 이화원입니다. 그 전신은 '청의원'으로, 면적이 3.4제곱킬로미터나 되는 광대한 정원입니다. 1860년에 영국과 프랑스 연합군이 파괴한 것을 서태후(1835~1908년)가 재건합니다. 정원에서 상당한 면적을 차지하는 곤명호는 원래 있었던 호수를 대대적으로 확장하여 둘레와 수심을 배로 늘린 것이라고 합니다. 이 호수는 청의 모든 정원 중에서도 최대 면적을 자랑하며, 강남의 경치를 아름답게 보여주는 다리인 6교와 함께 차분한 정취를 느끼게 합니다.

곤명호 북면에 솟은 만수산 정상에는 지혜해, 불향각, 덕휘전 등의 건물이 늘어서 있고 그 주변에 수많은 정자와 누각이 배치되어 있습니다. 장대하고도 화려한 경치입니다. 이화원에서는 만수산에서 2킬로미터쯤 떨어진 청명원의 옥봉탑까지 볼 수 있습니다. 그야말로 뛰어난 차경[4] 기법입니다.

이화원에서는 자연을 손질하여 '이상적인 자연'으로 만든 뒤 건축을 융합시켜 웅장한 경관을 만들어냈습니다. 그뿐만 아니라 자유롭고 변화무쌍한 배치, 산수를 보여주는 다양한 방식, 세부의 완성도도 무척 뛰어납니다. 정원의 이런 특징은 지금까지 소개한 중국 건축의 원리(좌우 대칭, 동서남북 축)와는 상반됩니다.

정원은 세속과 도시의 소란에서 도망칠 수 있는 피난소이자 요양소였습니다. 전란과 정쟁, 역병과 기근, 정신적 피로에서 해방되어 평안을 누리고 싶은 사람들의 마음이 이 자유로운 정원에 투영되어 있습니다.

273

---

1   園林. 집터에 딸린 수풀. 강남 지역에 있는 개인 소유의 원림을 '강남 원림'이라 한다.
2   點景. 멀리에 점을 찍은 듯 흩어져 보이는 경치.
3   임금이 왕궁 밖에서 머물던 별궁. 행궁(行宮)이라고도 함.
4   借景. 주위의 풍경을 끌어들여 경관을 구성하는 기법.

51

영국 건축가가 풍수를 따져 지은 은행

홍콩상하이은행 홍콩 본점 빌딩(1985)

양쪽의 기둥(마스트)에 고정된 V형 브레이스에 각층의 바닥이 걸려 있다. 구조가 그대로 외관이 되는 하이테크 건축다운 의장이다.

홍콩상하이은행 홍콩 본점 빌딩

홍콩상하이은행은 영국의 은행 경영 시스템을 아시아에 도입할 목적으로 1865년에 설립되었습니다. 이후 1979년에 원래 있었던 구사옥을 재건축하려고 설계 공모를 발표했을 때는 상황이 쉽지 않았습니다.

홍콩이 영국의 식민지였던 탓에 중국과 긴장 관계였고 1997년에 중국으로 반환될 수도 있어서 홍콩에 대규모로 투자하려는 사람이 거의 없었기 때문입니다. 그래도 홍콩상하이은행은 중국 정부를 배려하는 동시에 '홍콩의 장래에 관여하고 자본주의를 유지하겠다'라는 이념을 신사옥 건설이라는 형태로 표현하고 싶었습니다. 그래서 설계안의 요건으로 '완성 이후에도 진부하게 느껴지지 않는 건물'을 내걸고 그 실현을 위해 막대한 건설비를 투입했습니다.

그 결과, 영국의 저명한 건축가인 노먼 포스터가 설계자로 선정되었습니다. 그는 당시 가장 현대적이라고 여겨졌던 하이테크 건축의 선구자로, 초고층 빌딩에는 세계 최초로 현수 구조[3]를 채용했습니다. 그 결과 내부에 기둥이 없는 넓은 공간을 만들어 은행의 기능을 효율적으로 수행하게 하고, 동시에 새롭고 특별한 장점이 있는 외관을 실현했습니다.

이 건물을 설계할 때는 풍수지리적 요소도 고려해야 했습니다.

풍수라는 말을 들으면 미신이나 점술처럼 비과학적인 행위를 떠올리는 사람도 많겠지만 중국에서는 예로부터 풍수가 생활 관습으로 자리 잡고 있습니다. 그래서 지금도 개인 주택에서부터 대규모 건축에 이르는 다양한 건축 설계에 영향을 미치고 있습니다. 그런 관점에서, 풍부한 문화를 내포한 고대 중국의 사상으로 풍수를 보는 견해가 요즘 연구자들 사이에 퍼지고 있습니다.

4세기경 진 시대에 기록된 풍수의 경전 《장서》에 따르면, 망자를 매장하는 곳은 바람이 들이치지 않고 물이 모이는 곳(생기 있는 곳)이어야 합니다. 즉 풍수는 기(氣)의 흐름을 고려하여 더 좋은 장소를 선택하기 위한 지혜였던 셈입니다.

고대로부터 중국 사람들은 가까운 동식물과 지역의 산과 강, 그리고

용맥의 흐름

구룡반도 방향

빅토리아만

중환(센트럴)

빅토리아 피크

홍콩섬

인간까지 포함한 전 우주가 눈에 보이지 않는 무언가로 이어져 있다고 생각했는데, 이 개념을 말로 치환한 것이 '기'입니다. 즉 기의 흐름을 거스르지 않아야 대우주의 법칙을 따르며 생활할 수 있다는 뜻인데, 풍수가 그 생활을 실천하는 기술로서 상당한 역할을 담당했을 것입니다.

풍수에서는 산맥을 용으로 간주하므로 산에서 오는 기의 흐름을 '용맥'이라고 표현합니다. 홍콩의 용맥은 중국 본토의 산들과 이어진 구룡반도에서부터 빅토리아만을 향해 흐르다가 홍콩섬의 빅토리아 피크까지 달려간 후, 홍콩상하이은행이 있는 중환(센트럴)에 도달한다고 합니다. 이처럼 이 지역은 예로부터 용맥과 물이 갖춰진 이상적인 땅으로 여겨져왔습니다.

이런 풍수의 문맥을 신사옥에 반영시키는 것도 설계의 조건이었습니다. 그래서 건축가는 건물 1층을 남북으로 뻥 뚫어 '플라자'라는 넓은 공간으로 만들었습니다. 빅토리아만에서 빅토리아 피크로 흘러가는 용맥을 건물로 가로막지 않아야 했으니까요. 남쪽 도로와 북쪽 도로의 고저차 해소를 위해 1층 바닥을 완만한 경사로로 처리한 것도, 에스컬레이터가 건물 정면에서 보았을 때 사선 방향으로 배치된 것도 맥을 가로막지 않으려는 조치입니다.

이런 개방적인 큰 공간을 초고층 빌딩 1층에 만드는 일은 구조상 난이도가 높아, 앞서 언급한 현수 구조를 채택하지 않았다면 실현하지 못

완만한 경사 →

플라자 내부
플라자는 남북으로 뻥 뚫려 있어 누구나 자유롭게 출입할 수 있는 공간이다. 에스컬레이터도 기의 흐름을 방해하지 않으려고 여덟 팔(八) 자 모양으로 배치했다.

했을 것입니다. 그 외에도 V형 브레이스의 방향이나 수호신인 사자상을 놓을 장소 등을 풍수로 결정했다고 합니다.

이 땅에서 오랫동안 사업을 계속하겠다고 표명한 시공주 측은 '예리한 설계'와 '전통적 풍수'라는, 일견 상반된 목표를 동시에 실현하는 전략을 택했습니다. 이 건물이 지금도 치밀하고 압도적인 존재감을 뽐내며 위풍당당한 지역 랜드마크로 자리 잡은 것을 보면, 그 전략의 성공 여부를 쉽게 판단할 수 있을 것입니다.

---

1   Mast. 수직 기둥. 원래는 돛대를 뜻한다.
2   Brace. 구조물을 보강하기 위해 대는 부재.
3   구조물을 케이블로 매달아 공간을 구성하는 구조.

이 책에 소개된 건축물 지도

1부

인류 문명과 함께 탄생한 건축물

2부

**다양성을 끌어안은
인도 문명의 건축물**

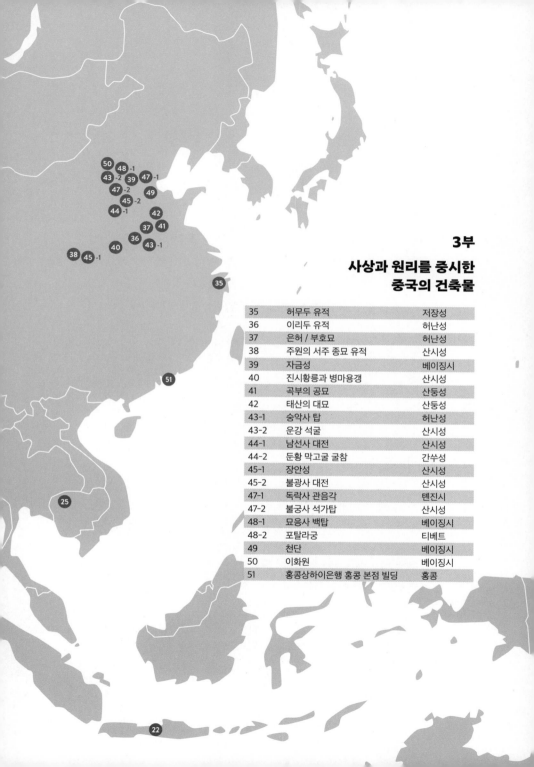

3부

사상과 원리를 중시한
중국의 건축물

저자 소개

스기모토 다쓰히코 杉本龍彦
고가쿠인 대학 대학원 석사과정을 수료하고 현재 스기모토 다쓰히코 건축설계사무소 대표이다. 건축 설계에 관한 전문서적을 여러 권 저술했으며, 더 많은 사람에게 건축의 즐거움을 알리고자 대중적인 교양서 집필에도 힘쓰고 있다. 저서에《세상엔 알고 싶은 건축물이 너무도 많아》등이 있다.

나가오키 미쓰루 長沖充
도쿄예술대학 대학원 건축과를 수료하고 오가와 건축공방, TESS 계획 연구소를 거쳐 현재 나가오키 미쓰루 건축 설계실 대표이다. 도립 시나가와 직업훈련 학교, 아이즈 대학, 니혼 대학 등에서 강의했다. 저서에《세상엔 알고 싶은 건축물이 너무도 많아》등이 있다.

가부라기 다카노리 蕪木孝典
쓰쿠바 대학 대학원 예술연구과를 수료하고 테이크나인 계획 설계 연구소 등을 거쳐 현재 (주)중앙주택 토건분양 설계본부에서 일한다. 도쿄건축사회환경위원회 위원이기도 하다. 저서에《세상엔 알고 싶은 건축물이 너무도 많아》등이 있다.

이토 마리코 伊藤茉莉子

니혼대학 생산공학부 건축공학과를 졸업했다. KITI 일급건축사 사무소 대표를 거쳐 현재 캠프디자인 공동대표로 재직 중이다. 아이즈 대학에서 학생들을 가르친다. 공저로 《설계 전문가들의 정리법》, 《세상엔 알고 싶은 건축물이 너무도 많아》 등이 있다.

가타오카 나나코 片岡菜苗子

니혼대학 대학원에서 건축공학을 전공하고 현재 시노자키 겐이치 아틀리에에서 일하고 있다. 《세상엔 알고 싶은 건축물이 너무도 많아》, 《건축 스케일의 감》 등의 저서가 있다.

나카야마 시게노부 中山繁信

호세이 대학 대학원에서 건설공학을 수료하고 미야와키 마유미 건축연구실, 고가쿠인 대학 이토 데이지 연구실을 거쳐 2010년까지 고가쿠인 대학 건축학과 교수로 재직했다. 현재 TESS 계획연구소 대표이다. 《세상엔 알고 싶은 건축물이 너무도 많아》, 《건축 스케일의 감》 등 건축에 관한 여러 저서가 있다.

그림 고시이 다카시 越井 隆

도쿄조형대학 디자인과를 졸업하고 잡지, 출판, 광고 등 다양한 분야에서 활동 중이다. 스와치 등 기업과도 협업하며, 《세상엔 알고 싶은 건축물이 너무도 많아》를 비롯한 여러 단행본의 일러스트를 그렸다.

옮긴이 노경아

한국외대 일본어과를 졸업하고 대형 유통회사에서 10년 가까이 근무하다 번역가의 길로 들어섰다. 번역의 몰입감, 마감의 긴장감, 탈고의 후련함을 즐길 줄 아는 꼼꼼하고도 상냥한 일본어 번역가. 현재 번역에이전시 엔터스코리아의 출판기획 및 일본어 전문 번역가로 활동하고 있다. 《세상엔 알고 싶은 건축물이 너무도 많아》, 《물류는 세계사를 어떻게 바꾸었는가》, 《지도록 읽는다 세계 5대 종교 역사도감》, 《세계 건축사 해부도감》, 《청춘을 위한 철학 에세이》, 《너무 재밌어서 잠 못 드는 경제학》, 《끌리는 문장은 따로 있다》 등 다수의 책을 우리말로 옮겼다.

역사 속엔 중요한 건축물이 너무도 많아

초판 1쇄 발행 2024년 3월 7일

지은이 스기모토 다쓰히코, 나가오키 미쓰루, 가부라기 다카노리, 이토 마리코,
       가타오카 나나코, 나카야마 시게노부, 고시이 다카시(그림)
옮긴이 노경아
발행인 김형보
편집 최윤경, 강태영, 임재희, 홍민기, 박찬재, 강민영
마케팅 이연실, 이다영, 송신아 **디자인** 송은비 **경영지원** 최윤영

발행처 어크로스출판그룹(주)
출판신고 2018년 12월 20일 제 2018-000339호
주소 서울시 마포구 양화로10길 50 마이빌딩 3층
전화 070-5080-4037(편집) 070-8724-5877(영업) **팩스** 02-6085-7676
이메일 across@acrossbook.com **홈페이지** www.acrossbook.com

한국어판 출판권 ⓒ 어크로스출판그룹(주) 2024

ISBN 979-11-6774-141-7 03900

만든 사람들
편집 최윤경 **교정** 이진숙 **디자인** 송은비 **본문조판** 박은진